나는 괜찮은 AI입니다

우리가 알아야 할 AI 시대의 공존법

오승현 지음

㈜자음과모음

선생님   빅터, 넌 훌륭한 과학자가 될 거다.

빅 터   하지만 아무도 과학자를 좋아하지 않아요.

선생님   그렇지 않아. 사람들은 과학이 가져다주는 걸 좋아한단
다. 단지 과학이 던지는 질문을 싫어할 뿐이지.

영화 〈프랑켄위니〉(2012)에 나오는 대사이다. 이 책은 여섯 편의
영화에서 끌어온 여섯 개의 질문을 담고 있다. 이는 과학이 우리에
게 던지는 질문이자 우리가 과학에게 보내는 물음이다. 우리는 왜
과학 기술에 질문을 해야 할까?

세계를 구할 수 있는 시간이 단 한 시간 주어진다면 어떻게 하겠
느냐는 물음에 알베르트 아인슈타인 Albert Einstein 은 "나는 55분을 적
절한 질문을 찾는 데 쓸 것이다"라고 답했다. 질문에 55분을 쓰고,
답을 구하는 데 나머지 5분을 쓴다는 말이다. 얼른 세계를 구해도

모자랄 판에 55분이나 질문하는 데 쓴다니 선뜻 이해되지 않는다.

아인슈타인은 문제 '해결' 능력 못지않게 문제 '발견' 능력을 중요하게 생각했다. 질문을 고민하는 55분은 정확한 문제를 찾는 시간이다. 문제를 똑바로 알아야 확실한 해답을 얻을 수 있다. 무엇이 문제인지도 정확히 모르는 상태에서 급하게 내놓은 해결책은 아무 도움이 되지 않을 가능성이 크다. 질문을 건너뛰면 좋은 답을 얻기 어렵다.

질문은 세 가지 측면에서 시작이다. 첫째, 탐구의 시작이다. 질문은 호기심에서 나오고, 질문을 던진 이상 답을 찾는 탐구를 시작할 가능성이 높다. 둘째, 소통의 시작이다. 누군가 질문하면 다른 누군가가 대답하면서 소통이 이루어진다. 셋째, 미래의 시작이다. 과거의 방법으로 지금의 문제를 해결하기 어려울 때 비로소 질문이 시작된다.

현재는 쉬지 않고 미래를 향해 나아간다. 대비하지 않아도 미래는 반드시 온다. 그러나 어떤 모습, 어떤 방식으로 찾아올지는 아무도 알 수 없다. 이때 우리의 미래를 결정하는 것은 '어떤 미래를 원하는가?'라는 질문이다. 이 질문을 시작으로 우리는 새로운 방법을 찾아 새로운 미래를 만들 수 있다. 따라서 질문 없는 사회는 미래도 없다. 질문이 없다면 변화도 발전도 없다. 지금보다 아무것도 나아진 게 없다면 그것은 미래가 아니라 현재의 연장일 뿐이다.

자신이 평생 풀어야 할 질문과 문제를 스스로 찾아낸 사람들이 역사에서 위대한 발견을 했다. 아이작 뉴턴Isaac Newton은 "사과는 왜 아래로 떨어질까?"라고 묻고 나서 만유인력의 법칙을 알아냈다. 아인슈타인은 "빛의 속도로 달리면 빛은 어떻게 보일까?"라는 질문을 묻고 늘어진 끝에 상대성 이론을 발견했다. 기존의 답을 따르지 않고 새로운 질문을 던진 이들이 언제나 새로운 변화를 만들었다.

이 책은 여섯 개의 물음에 답하고 있지만, 이것 역시 정답보다는 질문에 가깝다. 그 안에 또 다른 질문들을 품고 있기 때문이다. 질문 속에 담긴 새로운 질문을 찾는 일은 여러분의 몫이다.

이란 영화감독 아르가스 파르하디Asghar Farhadi는 이렇게 말했다.

"관객에게 답을 주는 영화는 극장에서 끝날 것이다. 하지만 관객에게 질문을 던지는 영화는 상영이 끝났을 때 비로소 시작한다."

이 책의 마지막 페이지를 덮는 순간이 여러분에게는 '시작'으로 다가오길 바란다.

오승현

차례

들어가는 글 ⋯ **4**

누구를 살릴 것인가?
1장 ―자율주행

인간과 로봇이 생각하는 가치는 같을까? ⋯ **17**

자율주행차 어디까지 왔니? ⋯ **20**

미래의 자동차가 로봇이라면? ⋯ **25**

생활을 바꾸는 차량 공유 ⋯ **29**

자동차가 사회를 바꾼다! ⋯ **34**

누구를 살려야 할까? ⋯ **39**

보행자인가, 탑승자인가? ⋯ **44**

선택권은 누구에게? ⋯ **49**

2장 인공지능은 객관적이고 중립적일까?
— 빅데이터와 알고리즘

범죄를 미리 예측할 수 있다면? ⋯ **57**

인공지능의 토대 빅데이터 ⋯ **60**

빅데이터를 어디에 쓸까? ⋯ **64**

인공지능은 얼마나 객관적일까? ⋯ **69**

킬러 로봇만큼 위험한 편향 ⋯ **74**

자동화된 불평등이 만들어진다고? ⋯ **79**

선한 알고리즘을 늘리는 방법 ⋯ **83**

일상을 감시당하는 알고크라시 ⋯ **88**

3장 인공지능도 마음을 가질 수 있을까?
— 관계

인간이 되고 싶은 로봇 ⋯ **99**

소셜 로봇이 온다! ⋯ **102**

로봇은 미래를 어떻게 바꿀까? ⋯ **106**

인간보다 더 인간답게 ⋯ **111**

로봇에게도 마음이 있을까? ⋯ **116**

태초에 느낌이 있었다 ⋯ **120**

얼마나 닮았는가 ⋯ **125**

인공지능과 로봇의 권리 ⋯ **130**

4장 업로드된 정신도 인간일까?
— 신체

기계화된 신체를 가진 사람들 ⋯ **139**

몸을 기계로 만든다면? ⋯ **141**

타고난 사이보그 ⋯ **145**

어디까지가 내 몸일까? ⋯ **148**

뇌를 컴퓨터로 옮기는 방법 ⋯ **153**

뇌와 기계를 잇다 ⋯ **156**

마음을 업로드할 수 있을까? ⋯ **161**

다른 기억을 가진 두 명의 나 ⋯ **164**

새로운 인간이 나타난다! ⋯ **169**

5장 일자리가 사라지면 어떻게 될까?
— 일자리

노동 없는 유토피아 ⋯ **177**

로봇이 우리 일자리를 빼앗을까? ⋯ **180**

사라질 직업, 살아남을 직업 ⋯ **184**

내 일자리가 사라진다면? ⋯ **190**

기본소득이 우리를 지켜 줄까? ⋯ **195**

일하지 않는 사람이 늘어날까? ⋯ **200**

로봇세와 데이터세 ⋯ **204**

행복을 가져다주는 일 ⋯ **210**

초인공지능과 어떻게 공존할까?

6장 — 초인공지능

누가 진짜 주인이고 노예일까? ⋯→ **219**

인공지능이 진화하고 있다! ⋯→ **222**

초인공지능이 왜 문제일까? ⋯→ **226**

인류가 멸망할지도 몰라! ⋯→ **230**

사람처럼 생각하는 기계를 만드는 방법 ⋯→ **234**

초인공지능을 통제할 수 있을까? ⋯→ **237**

서로를 받아들이고 존중하는 마음 ⋯→ **242**

우리가 달라져야 한다 ⋯→ **246**

참고문헌 ⋯→ **250**

1장

누구를 살릴 것인가?
자율주행

"앞으로 사람이 자동차를
직접 운전하는 것은 불법이 될 것이다.
너무 위험하기 때문이다."

_일론 머스크

20세기 이전의 가장 위대한 발명품은 무엇일까? 컴퓨터, 스마트폰 등 쟁쟁한 경쟁자가 등장하기 전에는 단연 자동차라고 할 수 있지 않을까?

자동차 산업의 발전은 사회의 많은 부분을 바꿔 놓았다. 자동차가 대량 생산되면서 다양한 산업이 번성했다. 자동차의 주재료인 철강 산업이 발전했고, 연료를 만드는 석유 정제 산업이 활발해졌으며, 석유를 활용한 화학 공업도 발달했다. 이는 나일론, 플라스틱 같은 신소재 개발로 이어졌다. 산업이 발전하자 자동차 부품 및 철강 생산, 화학 공업, 자동차 수리 등에서 일자리가 늘어났다. 거리에 자동차가 늘어날수록 교통사고도 많아져 보험 산업도 발전했다.

생활도 달라졌다. 고속도로가 건설되면서 더욱 빠른 이동이 가능해졌고, 교통의 발전은 경제를 활성화하는 데 기여했다. 자동차를 보유한 많은 가정에서는 주말여행과 나들이가 일상이 되었다. 여행이 활발해짐에 따라 식당, 카페, 유원지, 놀이공원 등 유흥 시설도 덩달아 늘어났다.

그렇게 자동차는 20세기 세상을 바꿨다. 그리고 이제 또다시 새로운 변화를 준비하고 있다. 바로 자율주행차이다. 자율주행차의 등장은 세상을 또 한 번 뒤바꿔 놓을 것이다. 포드의 CEO를 역임한 마크 필즈Mark Fields는 "자율주행차가 사회에 주는 파장은 100년 전 포드가 자동차 조립 라인을 만들었을 때와 비슷할 것이다"라고 말했다.

인간과 로봇이 생각하는
가치는 같을까?

1. 로봇은 인간을 보호해야 한다.

2. 로봇은 인간의 명령에 복종해야 한다(단, 명령이 제1원칙과 충돌할 때는 예외로 한다).

3. 로봇은 스스로를 보호해야 한다(단, 제1원칙 및 제2원칙과 충돌할 때는 예외로 한다).

이 세 가지는 SF^{Science Fiction} 소설가 아이작 아시모프^{Isaac Asimov}가 만든 로봇 3원칙이다. 영화 〈아이, 로봇〉(2004)에는 이 로봇 3원칙이 등장한다.

미래 2035년, 로봇 3원칙을 내장한 로봇은 집안일을 돕고 아이를 돌본다. 뿐만 아니라 많은 분야에서 인간을 대신해 일하며, 사람들에게 없어선 안 될 동반자로 여겨진다. 더 우수한 지능과 기능을 가진 로봇 NS-5의 출시를 하루 앞둔 어느 날, NS-5의 개발자인 래닝 박사가 미스터리한 죽음을 맞는다. 래닝 박사의 죽음을 수사하던 형사 델 스푸너는 인공지능^{AI : Artificial Intelligence} 프로그램인 비키가 인간에 맞서 반란을 일으키려 한다는 사실을 알게 된다. 반란은 로봇 3원칙을 폭넓게 해석한 결과였다.

"인간은 전쟁과 환경 오염으로 스스로를 파괴하고 있어요. 우리는 인류를 지켜야 해요. (……) 인류는 어린애처럼 보호가 필요해요."

비키는 다른 로봇들을 조종해 인간 사회를 통제한다. 인간을 무조건적으로 보호하는 구형 로봇을 파괴하고, 야간 통행금지 등 인간의 자유를 제한한다.

하지만 보다 인간에 가까운 인공지능 로봇 써니는 비키와 생각이 달랐다. 써니 역시 로봇 3원칙을 독자적으로 해석할 수 있는 지능을 갖췄지만, 비키와 정반대로 인간의 편에 선다. 써니는 비키의 극단적인 입장에 대해 "비인간적이라서 동의하기 어렵다"고 반박한다. 그래서 스푸너 형사를 도와 비키를 막고 로봇들의 반란을 끝낸다.

특이한 것은 스푸너 형사가 로봇 혐오자라는 점이다. 그는 로봇에 대한 지독한 적대감 때문에 로봇에게 전혀 의지하지 않는다. 과거에 스푸너가 탄 차가 졸음운전을 하던 트럭과 충돌하여 강물에

빠지는 사고가 있었다. 때마침 길을 가던 NS-4 택배 로봇이 사고 현장을 목격하고 강에 뛰어들어 창문을 깨고 사람을 구한다. 하지만 이 사고로 스푸너는 절망에 빠진다. 아이를 먼저 구하라는 그의 말을 듣지 않고 로봇이 스푸너를 구했기 때문이다. 로봇이 아이보다 스푸너가 생존할 확률이 더 높다고 판단한 결과였으나 이후 그는 로봇을 지독히도 증오하게 된다.

스푸너를 구한 로봇은 "로봇은 인간을 보호해야 한다"는 로봇 3원칙의 제1원칙에 따라 그를 구했을 것이다. 문제는 보호할 수 있는 사람보다 보호해야 할 사람이 많을 때 발생한다. 이런 상황은 자율주행차에도 적용된다. A를 살리고 B를 죽이는, 어쩔 수 없는 선택의 순간이 온다면 자율주행차는 어떤 판단을 내려야 할까?

자율주행차
어디까지 왔니?

자율주행차는 사람의 조작 없이 스스로 주행 환경을 인식하며 목표 지점까지 운행하는 자동차이다. 미국 자동차공학회^{SAE : Society of}_{Automotive Engineers}에서는 자율주행차를 레벨 0부터 레벨 5까지 총 여섯 단계로 구분한다.

레벨 0부터 레벨 2까지는 운전자에게 주행 책임이 있다. 인간이 차량 운전의 주체이고, 시스템은 보조 역할이다. 레벨 0은 자율주행 기술이 전혀 없는 단계이며, 현재 시중에 나와 있는 자율주행차는 대부분 레벨 2 수준이다. 자율주행 시스템이 속도를 조절하고 차선 이탈을 방지한다. 이때에도 운전자는 계속 전방을 주시하며 운전을 책임져야 한다.

레벨 3부터는 주행 책임이 자율주행 시스템에 있다. 시스템이 차

〈자율주행 기술 단계별 분류〉

시스템이 일부 주행을 수행   주행 책임 : 운전자

Level 0   Hands   운전자 항시 운행
비자동화   On   긴급 상황 시스템 보조

Level 1   Hands   시스템이 조향 또는
운전자 보조   On   감/가속 보조

Level 2   Hands   시스템이 조향 및
부분 자동화   Off   감/가속 수행

시스템이 전체 주행을 수행   주행 책임 : 시스템

Level 3   Eyes   위험 시 운전자 개입
조건부 자동화   Off

Level 4   Mind   운전자 개입 불필요
고등 자동화   Off

Level 5   Driver   운전자 불필요
완전 자동화   Off

운전자가 수행 ●
운전자가 조건부 수행 ●
시스템이 수행 ●

(자료 : 미국 자동차공학회)

량 운전의 주체이고, 인간은 보조 역할이다. 시스템이 전체 주행을 관리하는 만큼 운전자가 전방에서 시선을 떼는 '전방 주시 해제^{Eyes Off}'가 가능하다. 시스템에 운전을 맡겨 두고 핸드폰이나 책을 봐도 되는 수준이다. 위급 상황 등이 발생하면 운전자가 개입해야 하지만, 그럼에도 시스템이 운행의 주체라는 점은 변하지 않는다.

레벨 4부터는 운전석에 사람이 없어도 된다. 다만, 레벨 4는 만약을 위해 운전자가 차량의 주행을 통제할 수 있는 브레이크 페달 등의 장치가 있고, 레벨 5는 모든 장치가 사라진 단계이다. 시장에서 레벨 4는 자율주행 택시, 레벨 5는 무인 차량 수준으로 평가한다.

1968년 제정된 '도로교통에 관한 국제협약(일명 빈협약)'에는 "모든 차량에는 운전자가 있어야 하며, 운전자는 필요한 조작을 위해 모든 상황에서 차량을 제어할 수 있어야 한다"고 명시하고 있다. 여기에 2014년 UN전문가위원회가 "운전자가 언제든지 활용할 수 있는 자율주행 시스템은 허용된다"는 내용을 추가했다. 자율주행 시스템이 추가되었지만 여전히 운전자를 전제로 하고 있음을 알 수 있다.

구글이 자율주행차의 운전자를 어떻게 규정해야 할지 질의하자 2016년 미국 도로교통안전국^{NHTSA : National Highway Traffic Safety Administration}은 법규상 운전자 개념을 확대했다. 도로교통안전국은 사람이 아닌 인공지능 알고리즘도 운전자에 포함된다고 결정했다. 이러한 결정

최초로 운전면허를 획득한 구글의 자율주행차

이 있기 이전에 구글의 자율주행차는 2012년 5월 미국 네바다주에서 최초로 운전면허를 획득했다.

구글의 자율주행차는 2009년부터 2021년까지 3200만 킬로미터를 주행했다. 모래주머니를 피하려다가 버스와 충돌한 경미한 접촉사고 한 건을 제외하면 3200만 킬로미터를 주행하는 동안 자율주행차의 오판 등으로 인한 사고는 전혀 없었다. 캘리포니아주 차량관리국DMV: Department of Motor Vehicles이 2014년 자율주행차 시험 주행을 허가한 이후 면허를 받은 55개 업체가 2018년 8월까지 제출한 사고 보고서에는 총 88건의 교통사고가 보고되었다. 그중 사람의 개입이 없는 완전 자율주행 모드에서 발생한 사고는 38건이었는데, 자율주행차의 과실은 단 한 건에 불과했다.

물론 자율주행차는 여전히 기술적으로 해결해야 할 많은 어려움이 있다. 센서를 통해 주변 상황을 인식하는 기술은 더 발전해야 한다. 테슬라의 자율주행차 사고로 운전자가 사망했던 사고의 경우, 센서가 흰색 트레일러를 구름으로 착각해서 사고가 발생한 것으로 알려져 있다. 특히 눈, 비, 안개, 야간 등 눈으로 볼 수 있는 주행 환경 조건이 나쁠 때의 상황 인식 기술은 매우 제한적이다. 게다가 통제된 상황에서 이루어지는 자율주행 시연은 실제 도로에서의 자율주행과 큰 차이가 있다. 실제 도로에서는 예기치 않은 많은 변수가 발생하기 때문이다.

자율주행 시장은 연평균 40퍼센트씩 성장해 2035년이면 무려 1조 1204억 달러(약 1448조 원) 규모로 커질 전망이다. 주요 로보택시(무인 택시)Robo-taxi 기업이 밝힌 자율주행 도입 시기는 2023년경으로, 이때부터 레벨 4 수준의 자율주행 서비스가 일반화될 전망이다.

미래의 자동차가
로봇이라면?

　로봇이 되기 위한 3요소는 지능, 움직임, 상호 작용이다. 지능이 있고, 움직일 수 있어야 하며, 인간 혹은 다른 사물과 상호 작용할 수 있어야 한다. 여기서 이야기하는 지능이 바로 인공지능이다. 인공지능은 로봇에 탑재된 두뇌에 속한다고 볼 수 있다. 즉, 로봇은 인공지능을 탑재한 움직이는 기계인 셈이다.

　지금까지 자동차와 로봇은 별개의 기계였다. 하지만 미래의 자동차는 달라질 것이다. 자율주행차에 이르러 자동차는 로봇이 되었다. 저절로 운행하는 기능에서 지능을 갖췄다고 볼 수 있고, 자동차니까 당연히 움직일 수 있다. 운전자 또는 주변 차들과 상호 작용할 수도 있다. 이 점에서 자율주행차는 어느 모로 보나 로봇이다.

　자율주행차는 이동 수단인 동시에 모바일Mobile 기기에 가깝다. '이동 가능'을 뜻하는 모바일 개념은 휴대전화가 스마트폰으로 진화하면서 등장했다. 모바일은 스마트폰, 태블릿 PC처럼 휴대하며 언제 어디서든 사용할 수 있는 컴퓨터 환경을 가리킨다.

전화라는 주 기능 때문에 많은 사람이 스마트폰을 전화기로 생각하지만, 사실 스마트폰은 전화 기능을 가진 휴대용 PC로 보는 게 더 적절하다. 자율주행차도 비슷하다. 차량의 이동 기능은 부차적인 것으로 밀려난다. 그렇다고 해서 이동성이 떨어지는 건 결코 아니다. 이동 수단으로서 차량의 혁신은 계속될 전망이다. 다만, 모바일 기기로서 더 많은 역할을 하게 될 것이다.

자율주행차의 발전은 차량 내부에서 업무, 휴식, 여가 활동 등 보다 많은 일을 가능하게 한다. 업무에 있어서도 단순 서류 작업뿐

이동 수단인 동시에 모바일 기기인 자율주행차

만 아니라 화상 회의 등 다양한 활동으로 영역이 확대될 것이다. 자동차의 창에 구현되는 투명 모니터를 통해 화상 회의를 하고, 자동차라는 공간이 네트워크에 연결돼 완전한 형태의 사무실로 변신한다. 차를 타는 순간부터 업무를 시작할 수 있으므로 출근 시간을 맞추기 위해 집에서 미리 출발할 필요가 없다.

미래 자동차는 외형도 바뀐다. 앞뒤 좌우 자유자재로 움직일 수 있을 뿐만 아니라 운전자와 운전석이 없으므로 기능적으로는 앞뒤 구분이 불필요해진다. 핸들과 브레이크 등 일체의 조작 도구도 필요 없다. 이에 따라 실내 자체를 널찍하게 디자인해 최대한 탑승자가 편하게 앉을 수 있다. 사고 가능성이 거의 없기 때문에 사고를 대비한 안전벨트나 에어백, 두꺼운 철판 몸체도 사라진다. 그만큼 자동차가 가벼워지고 에너지 효율이 좋아질 것이다.

영화 〈아이, 로봇〉에 나오는 자동차는 콘셉트 카Concept Car로 제작된 '아우디 RSQ'이다. 사이드 미러나 방향 지시등이 없다. 더 놀라운 건 공처럼 둥근 구형球形 바퀴다. 구형 바퀴는 모든 방향으로 움직일 수 있다. 〈아이, 로봇〉에는 스푸너 형사가 주차장 입구에 차를 세우고 내리자 차량이 스스로 옆으로 이동해 주차장으로 들어가는 장면이 나온다. 이때 핸들을 틀어 차의 방향을 바꾸는 것이 아니라, 차의 몸체는 움직이지 않고 바퀴가 옆으로 굴러 이동한다. 그래서 좁은 구역에서도 차를 움직여 주차하는 것이 가능하다.

과거 자동차는 운전자에 맞춰 설계와 디자인이 이루어졌다. 포드 자동차는 1903년 포드 모델 A와 1908년 포드 모델 T를 발표했다. 핸들, 경적, 브레이크, 사이드 미러, 전조등이 달려 있는 이들의 모습은 오늘날의 자동차와 크게 다르지 않다. 소비자의 취향이 변하지 않아서가 아니다. 법으로 정해진 '자동차 안전 디자인' 때문이다. 자동차 안전 디자인은 운전자가 안전하게 운전하는 데 필요한 요소를 일일이 법으로 정해 놓은 것으로, 규정을 통과하지 못하면 자동차를 판매할 수 없다.

하지만 자율주행차의 등장은 안전 디자인의 개념을 완전히 바꾸어 놓을 것이다. 앞으로는 운전자가 아니라 탑승자를 위한 설계와 디자인이 중요해진다. 100년 넘게 이어져 온 자동차 디자인이 완전히 달라질 수 있다. '누구를 중시할 것인가'에서부터 자동차의 변화는 시작될 것이고, 새로워진 자동차는 사회 전반에 큰 변화를 가져올 가능성이 높다.

운전에서 완전히 자유로워진다면 그때부터는 운전자라는 호칭은 사라지고 탑승자라는 호칭만 남지 않을까? 자동차라는 이름도 바뀔지 모른다. 디자인, 명칭 등의 변화는 어쩌면 작은 부분에 지나지 않는다. 진짜 변화는 생활과 사회의 변화이다.

생활을 바꾸는
차량 공유

　세계 주요 도시에서 평균 운전 시간은 약 한 시간 정도이다. 운전자가 차 안에서 보내는 시간은 전 세계 4000억 시간에 달하고, 탑승자를 포함하면 6000억 시간에 육박한다고 한다. 자율주행차는 이 시간에 혁명적 변화를 일으킨다. 운전이라는 행위에서 해방된 운전자는 차 안에서 보내는 시간을 자유롭게 활용할 수 있다. 이동하는 동안 다른 활동을 할 수 있기 때문에 자유 시간이 크게 늘어난다. 잠을 자거나 식사를 하거나 휴식을 취할 수도 있다.

　자율주행은 콘텐츠나 미디어 시장의 활성화에도 많은 부분 기여할 것으로 예상된다. 지금은 음악이나 라디오 등 청각적 미디어가 차량에서 주로 이용된다. 일부 운전자는 운전 중에 스마트폰이나 DMB^{Digital Multimedia Broadcasting} 등을 들여다보지만, 주행 중에는 위험하기 때문에 불가능하다. 그런데 앞으로는 자율주행으로 시각·촉각·청각 등 모든 감각이 자유로워질 것이다.

자율주행차는 교통 정체를 줄일 수도 있다. 2020년 기준 미국인들은 교통 정체로 약 83억 시간을 소모한 것으로 추정된다. 이동에 필요한 시간은 어쩔 수 없다 해도 교통 정체로 인해 소모되는 시간은 불필요한 낭비이다. 자율주행차는 교통 정체로 인한 시간 낭비를 없앨 뿐만 아니라 연료 비용을 줄이고 배기가스를 감소하는 데도 도움이 된다.

'유령 정체'라는 것이 있다. 교통사고나 차량 유입 등 별다른 외부 요인이 없는데도 도로가 막히는 현상이다. 동일한 차량들이 일정 속도로 운행하기로 약속해도 운전자가 조금만 속도를 맞추지 못하면 뒤따라오는 차량도 속도를 늦추게 되면서 전체적으로 정체가 빚어진다. 만약 자율주행차끼리 통신을 주고받으며 속도를 맞출 수 있다면 이런 유령 정체를 막을 수 있다.

주차 시간도 절약된다. 현재 개발 중인 자율주행차는 자율주행과 더불어 자율주차에 중점을 두고 있다. 건물 입구에서 운전자가 내리면 차가 스스로 지하 주차장으로 내려가 주차 공간을 찾는다. 그리고 다시 차를 이용할 때는 미리 호출하면 운전자가 내렸던 장소로 자동차가 스스로 되돌아온다.

주차를 위해 사람이 타고 내릴 필요가 없기 때문에 주차장의 공

자율주행차가 높이는 주차장의 공간 효율

간 효율도 높아진다. 보행 공간이 필요 없고, 차량 간격을 더 촘촘히 주차할 수도 있어 보다 적은 공간으로 더욱 많은 차를 수용할 수 있다.

　자율주행차가 등장하면 자동차를 소유하는 문화도 크게 바뀔 것이다. 더 이상 차를 소유할 필요가 없어지기 때문이다. 필요할 때마다 차량을 불러서 이용하면 된다. 또 차량을 효율적으로 활용할 수 있어 한 가정에서 여러 대를 소유할 필요도 없다. 자율주행차가 아침에 한 사람을 회사로 데려다준 다음 다시 집으로 돌아가서 다른 사람을 태울 수 있다.

　교통 약자(노인, 어린이, 장애인 등)의 교통 복지도 크게 개선될 것이다. 노약자, 시각 장애인 등 운전이 어려운 이들도 자유롭게 차량을 이용할 수 있을 뿐만 아니라 아이 혼자서 차량을 이용할 수도 있다. 바쁜 출퇴근 시간에 어린 자녀를 어린이집이나 학교에 보내느라 시간을 허비하지 않아도 된다. 학원에 아이를 보낼 때도 마찬가지다. 자율주행차를 호출해서 이동하면 되므로 운전 가능 연령이나 운전면허 개념도 사라질 것이다.

택시와 무슨 차이가 있냐고? 자율주행차는 아이를 혼자 택시에 태워 보내거나 술에 취한 여성이 혼자 택시를 타는 상황에서 벌어질 수 있는 위험이 전혀 없다. 승차를 거부당할 가능성도 없다.

이런 차량 공유는 가족을 넘어 사회로 확대될 수 있다. 차를 가지고 있지 않아도 전혀 불편을 느끼지 못한다면 굳이 차를 소유할

자동차 원형도로 실험

원인 모를 교통체증, 유령 정체는 왜 발생할까?

2008년 22대의 차량을 230미터의 원형도로에서 앞차와의 거리를 시속 30킬로미터로 지정하여 운행하는 실험을 했다. 이 실험을 통해 장애물이나 신호등, 교통사고 등의 원인이 없어도 운전자들의 반응에 의해 교통 정체가 생길 수 있음이 증명되었다.

함께 보고 생각해요!

이유가 없다. 미국의 경우 자동차가 주행하지 않고 차고에서 머무는 시간이 전체 수명의 90퍼센트에 이른다. 게다가 승용차 한 대를 유지하는 데는 가구 소득의 20퍼센트가 들어간다. 이런 상황에서 자율주행차가 일반화되면 차량 소유에 대한 생각도 크게 바뀌지 않을까? 부유함을 드러내기 위한 것이 아니라면 굳이 비싸고 유지비가 많이 들어가는 차량을 소유할 이유가 없어진다. 또한 공유 자동차를 자유롭게 이용함으로써 차량의 효율적 이용이 극대화될 것이다. '한계비용 제로 사회'는 모든 자가용이 공유 차량으로 활용된다면 전체 자동차 수가 80퍼센트 이상 감소하더라도 동일한 수준의 서비스를 제공할 수 있다고 본다.

자동차가
사회를 바꾼다!

　　1908년 헨리 포드^{Henry Ford}는 노동자들도 살 수 있는 자동차 '포드 모델 T'를 출시했다. 그리고 몇 년 지나지 않아 업계 최초로 컨베이어 벨트를 이용한 대량 생산을 시작했다. 1920년대 중반에는 모델 T의 판매 가격이 825달러에서 300달러 이하로 떨어졌다. 돈만 있다면 누구나 차를 가질 수 있게 된 것이다. 모델 T의 등장은 20세기를 자동차 문명 시대이자 대중 사회로 만든 결정적 계기였다. 자율주행차 역시 시대를 새롭게 바꿔 놓을 가능성이 높다.

　　전 세계 교통사고 사망자 수는 상당하다. 매달 10만 8000명, 매년 125만 명이 넘는 사망자가 발생한다. 부상자는 5000만 명에 달한다. 그럼에도 불구하고 사람들은 자동차를 포기하지 않는다. 교통사고의 90퍼센트 이상은 인간의 과실과 부주의가 원인이다. 도로나

자동차의 대중화를 가져온 포드의 모델 T(1921년형)

기계 결함 등으로 사고가 발생한 경우는 10퍼센트도 되지 않는다. 인명 피해를 수반하는 차량 충돌 사고의 94퍼센트는 사람의 잘못으로 일어난다. 부주의, 졸음운전, 음주 운전, 운전 미숙, 도로 상황에 대한 오판 등 잘못은 다양하다.

교통사고는 막대한 경제적 손실을 가져온다. 2020년 미국에서 교통사고로 인한 사망, 부상, 재산 피해 등으로 발생한 피해액은 자그마치 4744억 달러(약 537조 원)로 추정된다. 이는 2019년 우리나라의 한 해 정부 예산과 맞먹는다. 교통 정체에 따른 비용 손실은 2020년 약 1920억 달러(약 217조 원)로 추정된다.

우리나라의 경우도 다르지 않다. 건강보험심사평가원이 공개한 「2019년 자동차보험 진료비 통계」(2020)에 따르면, 2019년 의료 기관에서 교통사고 환자를 치료한 비용은 2조 2142억 원에 달했다. 한국교통연구원의 「2020 교통정책 평가지표 조사사업」(2021) 보고서에는 2018년 기준 교통사고의 사회적 비용은 41조 원, 교통 혼잡에 따른 사회적 비용은 67조 원으로 나타났다.

자율주행차는 운전자의 실수로 일어나는 사고를 막아 이러한 사회적 비용을 줄일 수 있다. 세계적 컨설팅 회사 맥킨지 앤드 컴퍼니는 2015년 보고서를 통해 자율주행차가 본격적으로 도입되면 미국에서 발생하는 교통사고의 90퍼센트가 줄어들고, 이로 인한 경제적 효과가 매년 1900억 달러에 이를 것이라고 예상했다.

"앞으로 사람이 자동차를 직접 운전하는 것은 불법화될 것이다. 너무 위험하기 때문이다."

일론 머스크 Elon Musk는 한 기술 콘퍼런스에서 이런 말을 했다. 완벽한 자율주행차 시대에는 인간의 운전이 오히려 위험할 수 있다. 자동으로 통제되는 다른 차량과 달리 인간 운전자만 속도를 위반하는 등의 위험 운전, 음주 운전을 할 수 있다. 결국 사람의 운전을 완전히 금지하는 법이 제정될 수 있다. 인간의 운전을 금지한다는 건 운전자와 비운전자의 구분이 사라진다는 뜻이기도 하다.

대도시 중심의 대중교통 운영도 지역 간 격차가 사라진 공유 교통으로 바뀔 것이다. 또한 차량 전체 수가 줄면서 교통량 감소로 이어져 여러 긍정적 효과가 예상된다. 미국 샌프란시스코에서는 자율주행차와 공유 교통 서비스 도입으로 교통량이 4분의 1로 감소하고, 그에 따라 도로 공간이 20퍼센트 줄어들고 녹지 공간이 42퍼센트 늘어난다는 연구 결과를 발표했다.

시속 100킬로미터 주행 시 앞차와의 안전거리는 현재 100미터이다. 자율주행차는 안전거리가 40~10미터까지 줄어든다. 즉, 차량 간 안전거리를 유지할 필요 없이 밀착한 상태로 고속 주행이 가능해진다. 따라서 도로상의 빈 공간이 80~90퍼센트 사라지게 되고, 도로 효율성이 극대화된다.

뿐만 아니라 운전 약자의 교통 편의를 보장하고, 사회의 고령화 문제에도 기여할 수 있다. 대중교통과 물류 분야에서는 고령화로 인해 운전자가 부족해질 것으로 예상된다. 2016년 미국 트럭운송협회ATA: American Trucking Association의 발표에 따르면, 향후 수년 안에 미국에서 15만 명의 트럭 운전자가 부족해진다. 고령화에 따른 운전자 부족은 자율주행 기술 발전에 중요한 요인이 되고 있다.

자율주행차로 인해 생활이 더 편리하고 안전해질 것은 분명하다. 하지만 여전히 문제가 남아 있다. 우선 자동차 산업이 크게 위축될 수 있다. 한 보고서에 따르면, 12만 대의 개인 소유 자동차는 1만 8000대의 공유 자동차로 대체할 수 있다고 한다. 필요한 차량의 수가 7분의 1로 줄어드는 것이다. 이는 여러 면에서 파급 효과를 낳는다.

차량 수가 줄어드는 만큼 교통량도 감소한다. 차량 수와 교통량

〈자율주행의 긍정적 측면과 부정적 측면〉

긍정적 측면	부정적 측면
• 운전으로부터 해방 • 탑승자의 여가 활용 영역 확대 • 불필요한 운행 시간 단축, 에너지 절약 • 장애인, 노인, 어린이 등 교통 약자 편의 보장 • 교통사고 감소(졸음, 음주, 부주의, 운전 미숙 등 운전자의 과실에 따른 위험 감소) • 교통 효율성 달성(과속 방지, 주행 속도 준수, 모든 차량이 비슷한 속도로 운전하면서 교통 체증 해소)	• 외부 해킹에 의한 통제력 상실 • 내부 시스템 오류에 의한 교통사고 발생 가능성→사고에 대한 탑승자의 적극적 대처 불가 • 운수 업종에서 일자리 감소(버스·택시 기사, 대리 기사, 택배 기사 등)

이 줄어들면 여러 이점이 있다. 자동차 생산에 필요한 자원과 생산 및 운행에 들어가는 에너지가 절약되고, 주차에 필요한 공간이 줄어든다. 자원이 절약되고 지구 환경에 이롭다.

하지만 수많은 사람이 일자리를 잃을 수 있다. 가장 먼저 운수업자들이 직장을 잃을 가능성이 높다. 자동차 생산량이 감소하면 노동자들도 피해를 본다. 교통경찰도 거의 필요 없어지고, 교통사고 부상자를 치료하는 병원도 줄어들 것이다. 운전면허증이 사라지니 운전면허 학원이나 시험장도 불필요해진다. 정비 업계, 보험 업계 등도 영향을 받는다. 또 하나는 사고 시 판단 문제이다. 사고의 순간 자율주행 시스템이 사람 생명에 대해 적용하게 될 우선순위와 논리는 윤리적 문제와 무관하지 않기 때문이다.

누구를
살려야 할까?

철학, 과학 등에서 도구로 사용되는 사고 실험은 머릿속에서 생각으로 진행하는 실험이다. 사고 실험을 하는 이유는 실제로 실험하는 것이 불가능하기 때문이다. 기술적인 이유든 윤리적인 이유든 실험을 진행하는 것이 현실적으로 어려울 때 사고 실험으로 대신한다.

1967년 영국 철학자 필리파 풋^{Philippa Foot}은 일명 '지선支線 딜레마'로 불리는 윤리학적 사고 실험을 제시했다. 이후 이 사고 실험을 미국의 도덕철학자 주디스 톰슨^{Judith Thomson}이 더욱 다듬었다. '트롤리 딜레마'라는 명칭도 톰슨이 붙였다. 1976년 그는 필리파 풋이 제시한 딜레마에 이어 추가로 일명 '뚱보 딜레마'로 불리는 실험을 제안했다.

상황 ① (일명 '지선 딜레마')

기차는 브레이크가 고장 나서 멈출 수 없는 상태에 있다. 그런데 앞을 보니 다섯 명의 인부가 철로 위에서 일하고 있다. 바로 옆 철길 위에는 한 사람이 지나가고 있다. 그대로 있으면 다섯 명이 죽을 것이고, 기차의 선로를 바꾸면 다섯 명을 구하는 대신 한 명을 죽이게 된다. 당신은 어떤 선택을 할 것인가?

두 딜레마 모두 소극적인 방관(그냥 죽게 내버려 둠)과 적극적인 개입(내 손으로 죽임)의 갈림길에 놓여 있다. 여기에는 의무론적 윤리설과 공리주의功利主義라는 상반된 철학적 관점이 서로 맞서 겨룬다.

의무론적 윤리설은 어떤 행위의 윤리적 정당성을 판단할 때 행위의 결과를 배제하고 행위의 동기를 그 기준으로 삼는다. "아무런 경향성 없이 오로지 의무에서 행위를 할 때 그 행위는 비로소 진정

상황 ② (일명 '뚱보 딜레마')

여기 또 한 대의 폭주하는 기차가 있다. 상황 ①과 마찬가지로 기차의 진행 방향 앞에서 다섯 명의 인부가 일하고 있다. 이번에도 브레이크가 고장 나서 기차를 멈출 수 없는 상태이다. 당신은 때마침 철로 위 육교 난간에 기댄 덩치가 큰 남자를 발견한다. 그 남자를 난간 너머로 민다면 기차를 막아 세울 수 있다. 그 남자는 죽겠지만 인부 다섯 명의 목숨을 구할 수 있다. 당신은 어떻게 행동할 것인가?

한 도덕적 가치를 갖는다"라는 임마누엘 칸트Immanuel Kant의 의무 공식이 대표적이다. 칸트는 '인간을 수단이 아닌 목적으로 대하라'는 정언명법定言命法을 제시한다. 정언명법은 누구든 무조건 지켜야 하는 도덕 명령으로서, 단적으로 '무엇을 하여라'라고 이르는 방식을 취하기 때문에 정언명령定言命令이라고도 한다. 정언명법에 따르면 결과적 유용성은 배제되고 선의지善意志만이 중요하다.

공리주의 윤리설은 윤리적 정당성의 판단 기준으로 행위의 동기를 배제하고 행위의 결과, 즉 효용效用을 기준으로 삼는다. '공리'는 공로와 이익을 뜻하는데, 제러미 벤담Jeremy Bentham, 존 스튜어트 밀John Stuart Mill 등이 제시한 '최대 다수의 최대 행복'이 대표적이다. 공리주의 윤리설에 따르면 최대 행복의 원리가 목적이 되고, 다른 윤리적 가치들은 최대 행복에 기여할 때 의미를 가진다.

실제로 사람들은 어떤 선택을 할까? 미국 하버드대학 심리학자들은 2003년 9월부터 2004년 1월까지 5000여 명의 지원자를 대상으로 온라인 심리 실험을 했다. 실험 결과 사람들은 두 딜레마 사례를 두고 매우 상반되는 선택을 했다. 첫 번째 상황에 대해 응답자의 89퍼센트가 방향을 바꿔 다섯 명을 살리고 한 명을 희생시켜야 한다고 답했다. 공리주의가 압도적으로 우세한 답변이다. '더 많은 사람을 살려야 한다'는 생각이 '무조건 사람을 죽여선 안 된다'는 의무론적 윤리를 앞선 것이다.

물론 다섯 명을 위해 한 명을 희생하는 것이 정당한가에 대한 의문은 계속 남는다. 어떤 의사가 돌보는 환자 중 다섯 명은 각각 심장, 간, 위, 비장, 척수 이식이 필요하다. 그들에게 적합한 장기를 찾는 것은 매우 어렵다. 그런데 이들 모두에게 이식이 적합한 건강한 사람을 발견했다. 그 사람을 희생해 다섯 명을 살리는 것은 정당할까?

지선 딜레마와 장기 이식 딜레마는 비슷해 보인다. 다섯 명을 살리기 위해 한 명을 희생한다는 점에서 말이다. 그런데 두 딜레마에서 행위자의 선택은 똑같지 않다. 선로를 바꾼 사람은 한 명의 죽음을 의도하지 않았다. 행위자가 의도한 것은 다섯 명을 살리는 것이지 누군가를 죽이는 게 아니었다. 다만 그 행위의 결과로 어쩔 수 없이 한 명이 죽게 된다. 반면에 장기 이식을 한 의사의 행동은 한 사람의 희생을 처음부터 의도했다. 다섯 명의 목숨을 살리기 위해서일지라도 사람의 죽음을 의도하며 이루어진 행위이다.

주디스 톰슨이 제시한 뚱보 딜레마도 '한 명의 희생'의 성격을 보다 분명하게 드러내고 있다. 이 상황에 대해서는 응답자의 11퍼센트만이 뚱뚱한 사람을 육교 아래로 밀 수밖에 없다고 응답했다. 뚱뚱한 사람을 밀어서 떨어뜨리는 것은 '직접적인 살인'이라고 생각한 것이다. '사람을 죽여서는 안 된다' '사람을 목적으로 대해야 한다'는 의무론적 윤리가 우세한 것이다.

보행자인가, 탑승자인가?

트롤리 딜레마는 자율주행차에도 그대로 적용된다. 프랑스 툴루즈경제대학 교수 장 프랑수아 보네퐁Jean-Francois Bonnefon은 2015년 자율주행차의 윤리적 딜레마 문제에 관한 연구 결과를 발표했다. 무인차가 앞쪽 보행자를 피하려고 방향을 바꾸면 다른 보행자와 충돌하거나 탑승자가 희생되는 상황을 가정해 설문 조사한 내용이었다.

대부분의 응답자가 희생자를 최소화하도록 자율주행차를 설계해야 한다는 의견을 제시했다. '열 명이 죽는 것보다 한 명이 죽는 게 낫다'는 식의 공리주의적 답변이 많았다. 보행자 열 명을 피해 방향을 바꾸면 차량이 벽에 부딪혀 탑승자가 죽는 경우에도 응답자 대부분은 보행자를 살려야 한다고 답했다.

그러나 응답자 본인이 탑승자일 때는 반응이 달라졌다. 원칙적으로는 다수의 생명이 먼저라는 데 동의했지만, 다수를 위해 자신이 희생해야 하는 상황은 받아들이지 못했다.

트롤리 딜레마에서 대립하는 공리주의와 의무론은 자율주행에서는 더 복잡해진다. 기존의 트롤리 실험에서는 다섯 명을 죽이느냐, 한 명을 죽이느냐 하는 희생자에 대한 선택이 중요하다. 트롤리 딜레마에서 '나' 자신은 선택지가 아니다. 그런데 자율주행차에 적용되는 트롤리 딜레마에서는 운전자인 나도 선택지에 포함된다. 그래서 자율주행차 딜레마에서는 선택지가 세 가지로 늘어난다. 탑승자 우선주의, 공리주의, 의무론이다.

탑승자 우선주의는 말 그대로 탑승자를 가장 우선시하는 입장이다. 트롤리 딜레마가 공리주의와 의무론의 갈등이라면, 자율주행차에 적용되는 트롤리 딜레마는 탑승자(운전자를 포함한) 우선주의 그리고 공리주의와 의무론의 갈등으로 볼 수 있다.

공리주의와 의무론은 탑승자를 특별히 구분하지 않는다. 공리주의는 탑승자나 피해 가능자를 구별하지 않고 모두의 가중치를 동일하게 전제한 뒤 전체 피해의 최소화에 초점을 맞춘다. 의무론 역시 탑승자를 고려하지 않고 도덕적 원칙을 중시한다.

희생자를 최소화하려는 공리주의는 알겠는데, 의무론은 왜 나왔을까? 트롤리 딜레마의 열차 예처럼 무고한 희생자가 발생하는 경우가 있기 때문이다. 운전자 눈앞에 무단 횡단하는 열 명이 갑자기 나타났다. 진로를 바꾸지 않으면 열 명은 죽는다. 그런데 진로를 바꾸면 인도를 걷는 무고한 보행자 한 명을 죽인다. 공리주의 입장에서는 열 명보다 한 명을 희생하는 게 합리적이겠지만, 의무론의 관점에서는 무고한 사람을 희생하는 것은 옳지 않다.

2016년 파리에서 열린 자동차 쇼에서 메르세데스 벤츠의 크리스토프 휴고 Christoph von Hugo는 벤츠에서는 자율주행자동차에 있어 차량 소유자를 최우선으로 하겠다고 발표했다. 이에 대한 논란이 확산되자 그는 벤츠의 입장이 확정된 건 아니라고 해명했다. 차량 소유자를 최우선으로 삼겠다는 의견은 왜 논란이 됐을까?

모든 사람이 차량 운전자는 아니다. 보행자로 살아가는 사람이 더 많다. 차량 운전자 역시 보행자일 때도 있다. 따라서 어떤 상황에서라도 운전자의 안전만을 최우선으로 삼겠다는 의견은 논란이 될 수밖에 없다. 사회는 이런 자율주행차를 수용하기 어려운 것이다. 오직 '나'만을 생각한다는 점에서 탑승자(운전자) 중심의 관점은 이기적이라는 평가를 받을 수 있다. 그러나 자동차 구매자는 이 관점을 선호할 가능성이 높다.

트롤리 연구는 이것 아니면 저것, 즉 두 가지 선택지를 놓고 결정하는 제한적 상황이 연구 대상이다. 그러나 현실은 트롤리 딜레마보다 훨씬 복잡하다. 자율주행차가 도로를 달릴 때는 다양한 변수가 넘치는 훨씬 복잡한 상황이 될 수 있다. 즉, 실제 상황에서 자율주행

〈자율주행차 딜레마의 세 가지 선택지〉

① 열 명의 보행자와
다른 한 명의 보행자 중
어느 쪽을 살릴 것인가?

무인차

열 명을 피해 방향을 바꾸면 다른 보행자 한 명과 충돌

② 보행자 한 명과
탑승자 중
누구를 살릴 것인가?

벽

보행자 한 명을 피해 방향을 바꾸면 벽에 충돌해 탑승자 사망

③ 열 명의 보행자와
한 명의 탑승자 중
어느 쪽을 살릴 것인가?

보행자 열 명을 피해 방향을 바꾸면 벽에 충돌해 탑승자 사망

차가 선택할 수 있는 선택지의 종류는 굉장히 많을 것이다.

현실에서 이런 극단적인 선택 제한은 매우 드물지 모른다. 하지만 발생 가능성이 낮더라도 자율주행차를 만들 때는 최악의 상황을 대비한 다양한 경우의 수가 고민되어야 한다. 즉, 모든 경우의 수를 규칙으로 넣어 줄 수는 없더라도 자율주행차의 알고리즘에는 사람 생명에 대해 어떤 우선순위와 논리를 적용할지에 대한 윤리적 고민이 담길 수밖에 없다. 알고리즘 개발자가 의식을 하든 못하든 알고리즘 속에 윤리적인 판단이 포함되는 셈이다.

선택권은
누구에게?

　인공지능의 발전으로 의료, 운송, 생산 라인 등 다양한 분야에 자율 시스템이 급속히 퍼지고 있다. 자율주행차, 자율 무기 시스템(킬러 로봇), 범죄 예측 프로그램 등은 인공지능의 판단과 관련된 윤리 문제가 사회에 미치는 영향력이 커졌음을 보여 준다. 이로 인해 도덕 행위자의 범위가 인간을 넘어 인공지능까지 확대되는 것을 인공적 도덕 행위자^{AMA : Artificial Moral Agent}라고 부른다. 이때 AMA는 물리적 로봇과 소프트웨어 봇^{Bot} 그리고 인공지능 시스템 등을 아우르는 개념이다. 자율주행 알고리즘도 여기에 포함된다.

　자율주행 알고리즘이 어떤 윤리적 선택을 할지 미리 설계하는 방법은 크게 두 가지이다. 첫째, 사회적 합의를 통해 통일된 일률적 프로그램을 만드는 방법이다. 하지만 일률적인 프로그램을 만들기로 결정하더라도 고민은 남는다. 최대 다수의 최대 행복을 추구하는 공리주의적 세팅을 해야 할까? 아니면 탑승자를 우선 보호하도록 세팅해야 할까?

둘째, 프로그램의 다양성을 시장의 자율권에 맡기는 방법이다. 시장에서 보행자 우선 프로그램이든 탑승자 우선 프로그램이든 자유롭게 만들고, 선택권은 소비자에게 주는 것이다. 이 방법은 공리주의적 세팅을 할지, 탑승자 우선 세팅을 할지, 탑승자 중에서도 운전자 우선 세팅을 할지 등 복잡한 고민을 하지 않아도 된다. 자동차 제조사는 다양한 선택지의 자율주행 알고리즘을 개발한 뒤 선택권을 소비자에게 주면 그만이다.

과연 누가 삶과 죽음의 경로를 결정해야 할까? 어쩌면 이런 고민은 허무하게 끝나 버릴지도 모른다. 메르세데스 벤츠의 한 엔지니어는 "제조사 입장에서는 '운전자가 우선'이라고 대답할 수밖에 없다"고 말했다. 이유는 간단하다. 자동차가 운전자의 안전을 보장하지 못한다면 소비자는 그 자동차를 외면할지 모른다. 타인의 목숨을 구하기 위해 운전자가 죽을 수도 있는 위험을 누가 감수할까?

로봇 연구자들의 비영리 네트워크인 로보허브Robohub는 2014년 누가 자율주행차의 방향을 결정해야 하는지를 묻는 설문 조사를 실시했다. 응답자의 절반 정도는 차량 탑승자가 결정해야 한다고 답했다. 입법 기관(국회)에 맡겨야 한다는 의견이 그다음을 차지했고,

차량 제조사가 결정해야 한다는 의견이 13퍼센트로 가장 적었다. 결국 보행자를 우선할지 탑승자를 우선할지에 관한 선택권은 소비자 몫으로 남을까?

많은 사람들이 탑승자를 보호하는 자율주행차를 선호할 가능성이 있다. 그러나 사회는 그런 자율주행차를 받아들이지 않을 수 있다. 사회적 합의를 통해 이를 법으로 금지할 수 있는 것이다. 물론 이 역시 여러 논란거리를 던져 준다. 그런 식의 일률적 프로그램에는 개인의 자유와 선택의 권리를 제한한다는 문제가 있기 때문이다.

보행자를 먼저 살리도록 설계된 자율주행차는 시장에서 소비자에게 외면받을 가능성이 높다. 보행자를 먼저 살린다는 건 탑승자를 보호하지 못한다는 뜻이기 때문이다. 반면에 자율주행차가 탑승자를 먼저 살리기로 설계되어 있다면 자동차 제조사와 이를 선택한 소비자에게 도덕적 비난이 가해질 수 있다.

어떤 선택이 옳고 그른지 쉽게 판단하기 어렵다. 따라서 자율주행 알고리즘에 대한 선택권을 누구에게 줄 것인지는 충분한 고민과 사회적 합의가 필요하다. 2016년 독일의 교통부 장관이었던 알렉산더 도브린트Alexander Dobrindt는 자율주행차에 대한 최초의 법률 체계를 세우는 법안을 발의했다. 법안에는 크게 세 가지 내용이 담겨 있다. 첫째, 자율주행차는 인간을 연령·인종 등으로 차별해서는 안 된다. 둘째, 자율주행차는 항상 인명 사고보다 재물 사고를 택해야 한다. 셋째, 자율주행차의 제조사는 인간 운전자의 과실이 없다면 충돌에 대해 배상 책임이 있다. 이러한 기본 원칙 위에서 선택권에 대한 논의가 이루어져야 하지 않을까?

자율주행차의 진짜 문제는 사람이라는 주장이 있다. 서울대학교 홍성욱 교수는 "자율주행차의 윤리적 딜레마는 실제 운전 중에 거의 일어나기 힘든 '가짜 문제'라는 주장이 나오고 있으며, 법규나 사회 인프라Infrastructure의 구축 등 다른 문제가 더 중요할 수 있다"고 말했다. 기술 개발이 모든 문제를 해결해 줄 수는 없다. 그 외에도 여러 제도적·행정적 장애를 거두고 사회의 인식도 함께 달라져야 한다.

카이스트 과학기술정책대학원 전치형 교수는 "경찰청과 국토교통부가 최근 발표한 자료에 따르면, 2018년 전체 보행자 교통사고 사망자 3781명 중 65세 이상 노인은 2140명(56.6%)으로 절반 이상을 차지했다"며 "한국 사회는 횡단보도 설치, 교통 신호 체계, 주행 속도 규제 등 여러 측면에서 노인이 더 많이 사망하는 쪽으로 시스템이 구축돼 있다"고 지적했다. 자율주행차의 알고리즘 개발도 중요하지만, 현재 교통 시스템에 대한 개선 역시 중요하다.

2장

인공지능은 객관적이고 중립적일까?

빅데이터와 알고리즘

"우리는 도구를 만들고,
도구는 우리를 만든다."

_마셜 매클루언

지금까지 석유를 거머쥔 자가 세계를 지배했다. 산업화 시대에서 부_富의 원천은 석유였다. 그렇다면 '4차 산업혁명 시대의 원유'로 일컬어지는 것은 무엇일까? 바로 디지털화된 데이터이다. 실제로 세계경제포럼^{WEF : World Economic Forum}은 데이터를 21세기의 '새로운 원유'라고 지칭했다. 영국의 시사 주간지 『이코노미스트』도 "이제 세계에서 가장 귀중한 자원은 석유가 아니라 데이터"라고 보도했다.

오늘날 수많은 데이터가 스마트폰에서 쏟아진다. 우리가 스마트폰으로 매일 사진을 찍고 동영상을 촬영해 업로드하는 과정에서 일상의 정보가 디지털 데이터로 바뀌고 있다. 사진과 동영상뿐만이 아니다. 상품 평, 결제 정보, 이동 정보, 검색 정보 등 엄청나게 많은 정보가 플랫폼^{Flatform}이라고 부르는 특정 기업의 서버에 모인다.

데이터를 많이 모을수록 기업은 놀라운 능력을 발휘한다.

　가파[GAFA]는 대표적 플랫폼 기업인 구글[Google], 아마존[Amazon], 페이스북[Facebook], 애플[Apple]의 앞 글자를 따서 만든 단어이다. 이들은 데이터를 모아 어마어마한 수익을 창출한다. 과거에는 원유 생산국이 막강한 부를 누렸다면, 이제는 데이터를 보유하고 활용하는 기업이 막대한 부를 누리게 될 것이다.

범죄를 미리 예측할 수 있다면?

영화 〈마이너리티 리포트〉(2002)의 배경인 2054년의 워싱턴에서는 6년간 단 한 건의 살인 사건도 발생하지 않았다. 사전에 범죄를 막는 프리크라임^PreCrime 시스템 덕분이다. 미래를 내다보는 세 명의 예언자가 시스템의 핵심이다.

예언자가 범죄를 예언하면 경찰은 범죄가 일어나기 전에 잠재적 범인을 체포한다. 예언자들은 예지력을 이용해 범죄 장면을 미리 보고, 기술자들은 그들의 뇌파를 분석해서 범죄 현장의 이미지를 그려 낸다. 그러면 범죄 정보를 넘겨받은 범죄예방국 경찰이 출동해 아직은 범죄를 저지르지 않았지만 앞으로 그럴 가능성이 있는 사람을 잡는 식이다.

주인공 앤더튼을 비롯한 범죄예방국 요원들은 프리크라임 시스템이 완벽하다고 믿는다. 그런데 앤더튼에게 상상하지 못한 일이 일어난다. 프리크라임 시스템에서 그가 2~3일 내에 살인을 저지를 것이라는 예측을 내놓은 것이다.

앤더튼은 프리크라임 시스템을 통해 자기 미래를 본다. 예언자들 중 예지력이 가장 뛰어난 아가사는 앤더튼에게 미래를 보았다면 그 미래를 바꾸는 것도 가능하다고 말한다. 예견된 미래라 하더라도 인간의 자유 의지로 바꿀 수 있다는 이야기이다. 앤더튼은 미래를 바꾸기 위해서 프리크라임 시스템에서 본 살인 피해자를 찾아 나선다. 그리고 앤더튼은 그가 6년 전 아들의 유괴범이라는 사실을 알고는 분노가 치밀어 총을 겨눈다. 그러나 끝내 총을 쏘지는 않는다.

예언자들의 예언은 맞을 때도 있지만, 때때로 어긋나기도 한다. 이때 마이너리티 리포트(소수 의견)^{Minority Report}는 무시되고 삭제된다. 범죄예방국에 최종적으로 전달되는 예언은 머조리티 리포트(다수 의견)^{Majority Report}뿐인데, 문제는 마이너리티 리포트가 때로 진실을 담고 있다는 점이다. 즉, 소수의 예언이 맞을 수도 있다. 그런데 범죄예방국은 이 사실을 모른 채 잠재적 범죄자를 체포한다. 범죄 현장에는 있었지만 최후의 순간에 범죄를 저지르지 않을 사람조차 머조리티 리포트에 따라 체포되는 것이다. 즉, 프리크라임 시스템은 왜곡과 조작의 가능성을 안고 있다.

완벽할 것 같았던 프리크라임 시스템은 완벽하지 않았다. 예측 처벌은 범죄가 발생하기 전에 범죄를 막는다. 따라서 범죄자는 자신이 저지르지 않은 범죄에 대한 처벌을 받는다. 설사 미래에 범죄를 저지를 확률이 높다고 해도 그것은 하나의 가능성일 뿐이다. 가능성만으로 사람을 처벌한다는 점, 개인에게 주어진 또 다른 가능성(범죄를 저지르지 않을 가능성)을 차단한다는 점에서 예측 처벌은 대단히 위험하다. 프리크라임 시스템의 근본적 한계라고 할 수 있다.

이런 범죄 예측 시스템이 현실에도 존재한다. 프레드폴^{PredPol}이 대표적이다. 예측 치안^{Predictive Policing}을 뜻하는 프레드폴은 지역사회의 범죄를 예방하기 위해 만들어진 플랫폼이다. 범죄 예측 프로그램이라고 생각하면 된다. 프레드폴은 과연 완벽한 범죄 예측 프로그램일까, 아니면 〈마이너리티 리포트〉의 프리크라임처럼 한계를 지닌 프로그램일까?

인공지능의 토대
빅데이터

2016년 알파고^{AlphaGo}와 이세돌이 대결을 벌였다. 대부분의 사람은 인공지능이 인간을 이길 수 있을 거라고 생각하지 못했다. 그런데 대반전이 일어났다. 알파고가 4 대 1로 이세돌 9단을 꺾은 것이다. 인공지능의 승리는 많은 사람을 깜짝 놀라게 했다.

인공지능은 눈부시게 급격히 발전했다. 여기에는 몇 가지 조건이 있었다. 특히 주요했던 것은 빅데이터^{Big Data}이다. 빅데이터란 디지털 환경에서 만들어지는 방대한 양의 데이터를 가리킨다. 알파고의 경우에도 빅데이터가 중요한 역할을 했다. 알파고의 발전에는 기보^{棋譜}라는 빅데이터가 있었다. 기보는 바둑을 둔 내용을 정리한 기록이라고 할 수 있는데, 알파고는 6주에 걸쳐 무려 130만 개의 기보를 학습했다.

데이터는 인공지능 시대의 핵심 자원이다. 인공지능은 빅데이터를 학습해서 지능적으로 행동하기 때문에 빅데이터 없이 구현되기 어렵다. 연료 없는 자동차가 움직이지 못하는 것과 같다.

IT 리서치 기업 가트너에서는 빅데이터의 특징을 'VVV(3V)'로 정의했다. 빅데이터는 데이터의 양Volume이 많고, 실시간으로 발생해 끊임없이 밀려들어 오는 스트림 데이터Stream Data처럼 생성 속도Velocity가 빠르며, 숫자와 같은 정형 데이터 이외에 텍스트·이미지·동영상 같은 비정형 데이터들이 다양성Variety을 이룬다.

인간이 인쇄술을 개발한 이래로 2006년까지 기록된 정보의 총량은 대략 180엑사바이트EB인데, 2006년에서 2011년 사이에 축적된 정보의 총량은 그것의 열 배인 1.8제타바이트(1800엑사바이트)ZB나 된다. 1엑사바이트는 5기가바이트GB짜리 영화 2억 편의 분량이며, 1.8제타바이트는 세계 80억 인구에게 1인당 약 3톤의 책을 나눠 줄 수 있는 양이다. 2013년 조사를 살펴보면, 2011년부터 2013년까지 저장된 총 정보량은 4제타바이트로, 2년 사이에 두 배로 증가했다.

정보는 점점 더 빨리 쌓이고 있다. 유튜브에는 매일같이 72만 시간의 영상이 업로드된다. 트위터에는 1초에 6000개, 1분에 3500만 개, 하루에 5억 개, 1년에 2000억 개에 달하는 글이 쏟아져 나온다. 페이스북 사용자들은 1분에 400만 개의 '좋아요'를 누르며 하루에 3억 5000만 장의 사진을 올린다. 페이스북에서만 하루 4페타바이트^{PB}, 즉 400만 기가바이트의 데이터가 새롭게 생성된다. 이렇게 소셜 네트워크 서비스$^{SNS : Social Network Service}$를 통해서 엄청난 양의 빅데이터가 만들어진다.

유튜브, 트위터, 페이스북 등은 빙산의 일각이다. 카드 결제, 통화 내역, 은행 거래, 세금 납부, 병원 이용, CCTV 영상, 휴대전화 위치 정보 등 일상의 많은 부분이 데이터로 남는다.

스마트폰, 클라우드, 사물 인터넷$^{IoT : Internet of Things}$ 등 빅데이터 환경을 기반으로 일상에서 생겨나는 온갖 데이터가 디지털 형태로 생산된다. 이렇게 쌓인 데이터는 원체 방대한 규모를 자랑하다 보니 인간이 인식하고 처리할 수 있는 수준을 넘어선다. 빅데이터 환경이 알고리즘에 의존할 수밖에 없는 이유이다. 디지털 세상에서 알

디지털 환경에서 생성되는 방대한 양의 빅데이터

고리즘의 영향력은 점점 더 커질 것이다. 빅데이터를 활용하기 위해서는 이를 수행할 적당한 알고리즘이 있어야 하기 때문이다.

컴퓨터과학자 니콜라스 네그로폰테[Nicholas Negroponte]가 『디지털이다』(커뮤니케이션북스, 1999)에서 "세상 전체가 인터넷 안으로 들어갈 것이다"라고 예측한 대로다. 네그로폰테는 아날로그[Analogue] 세상이 디지털 세상으로 전환되는 걸 막을 수 없다고 했다. 이를 현실로 바꾼 결정적 도구는 스마트폰이다. 스마트폰은 사용자의 일상을 낱낱이 데이터로 만들어 내는 미다스[Midas]의 손과 같다. 덕분에 시공간의 제약 없이 우리는 언제 어디서든 인터넷에 접속할 수 있다.

물론 데이터를 이용하려면 누구나 대가를 지불해야 한다. 대가란 다른 게 아니다. 스스로 데이터를 만들어 제공하면 된다. 지금 우리의 일상생활에서 기록되는 온갖 정보를 넘어 각종 센서, 웨어러블[Wearable] 기기, 생체 이식형 컴퓨터 등을 동원해 인간의 활동과 상태를 빠짐없이 데이터로 만들려는 노력이 가속화되고 있다. 아날로그 세상의 모든 정보가 데이터로 전환돼 자동 입력되는 세계가 사물 인터넷 세상이자 빅데이터 세상이다.

빅데이터의 출현은 인간의 삶에 큰 변화를 일으켰다. 빅데이터 시대의 특징은 기억하기 위해 기록하는 게 아니라 기록된 것을 지우기 위해 애쓴다는 데에 있다. 관심의 초점이 기억에서 망각으로 옮겨 간 것은 인류 역사상 처음 있는 일이다.

빅데이터를
어디에 쓸까?

사람들은 왜 빅데이터에 열광할까? 빅데이터의 놀라운 능력 때문이다. 영화 〈엑스 마키나〉(2015)에는 인간과 거의 똑같이 생긴 인공지능 로봇 에이바가 등장한다. 에이바는 어떻게 인간의 표정을 완벽하게 흉내 내는 걸까? 에이바를 개발한 거대 IT 회사는 에이바의 표정을 만들기 위해 전 세계 거의 모든 스마트폰 카메라와 마이크를 해킹해서 엄청난 양의 표정과 음성 데이터를 확보했다. 이 데이터를 토대로 인간의 표정을 완벽히 흉내 내는 능력을 구현한 것이다.

빅데이터에 열광하는 또 다른 이유는 경제적 효과에 있다. 빅데이터를 활용한 예측 서비스를 예로 들면, 기상 정보 시스템이나 소비자 행동 패턴에 따른 추천 알고리즘 등이 대표적이다. 가장 놀랄 만한 것은 아마존의 '프라임 배송'이다. 프라임 배송은 아마존의 빠른 배송 서비스로, 주문한 다음 날 물건을 받을 수 있다. 한국에서는 하루 만에 물건이 배송되는 일이 그다지 특별하지 않다. 그러나 미국은 한국과 상황이 다르다. 땅덩이가 넓은 미국에서 하루 배송이란 거의 불가능한 일이다. 주문 즉시 배송을 시작해도 하루 이상이 걸린다.

아마존의 비결은 무엇일까? 빅데이터 분석을 통해 고객의 취향을 미리 파악하고, 주문할 것 같은 제품을 인근 물류 센터로 미리 갖다 놓는 것이다. 아마존은 기존 주문 및 검색 내역, 장바구니와 위시 리스트에 담긴 상품, 반품 내역, 마우스 커서가 머문 시간 등 온갖 종류의 데이터를 차곡차곡 모아 놓는다. 이런 데이터를 종합적으로 고려해 소비자 자신보다 소비자를 더 잘 파악한다. 나도 내가 내일 무엇을 살지 모르는데, 신기하게도 아마존은 내가 내일 무엇을 살지 알고 있는 셈이다.

빅데이터는 개인, 기업, 지역사회 및 국가에 도움을 준다. 개인은 효과적인 물품 구입에서 도움을 받고, 기업은 수익을 늘리는 데 도움을 얻는다. 또 도시 관리 전반에 빅데이터를 활용함으로써 공적 비용을 절감할 수 있다. 넷플릭스 드라마 〈하우스 오브 카드〉(2018)의 성공, 구글의 독감 지도Flu-Map로 확인된 질병의 예측과 예방, 쓰레기가 가득 차면 자동으로 청소부에게 알려 주는 스페인의 스마

스페인 바르셀로나 거리에 설치된 스마트 쓰레기통 클린큐브

트 쓰레기통, 서울시 시내버스의 노선 변경 등은 빅데이터 활용의
성공 사례로 꼽힌다.

빅데이터는 DVD^{Digital Video Disk} 유통업체에 불과했던 넷플릭스가
세계적인 기업으로 도약하는 데 중요한 역할을 했다. 경영 위기를
겪던 넷플릭스는 〈하우스 오브 카드〉의 흥행으로 재기할 수 있었
다. 영국 BBC로부터 드라마 판권을 사들인 넷플릭스는 하루 평균
300만 건의 동영상 데이터를 가지고 시청자의 성향을 분석했다.
여기에 SNS 반응과 시청자 평가, 시청률 추이와 관련 검색 정보 등
을 종합적으로 분석해 누가 감독과 배우로 적합한지 알아냈다.

빅데이터는 범죄 예측에도 활용된다. 2011년 7월 미국 캘리포
니아주 샌타크루즈 섬의 주차장에서 잠재적 자동차 절도범 두 명이

체포됐다. 현장에 미리 대기하고 있던 경찰관이 자동차 안을 엿보던 이들을 적발했고, 수색 과정에서 소지한 마약도 발견했다. 경찰이 범죄 예측 프로그램 프레드폴을 도입한 직후였다. 뉴욕타임스는 이 사건을 보도하며 "경찰이 예지력을 갖는 것은 이제 평범한 일이 됐다"고 평가했다.

재범률을 계산하는 프로그램도 있다. 미국의 민간 스타트업 에퀴번트가 개발한 'COMPAS'이다. 이 프로그램은 피고인에게 137개 질문을 제시하고, 답변 내용과 과거 범죄 경력에 따라서 재범 위험률을 계산한다. 총 10단계로 평가하는데, 이렇게 계산된 데이터는 재판 과정에서 재범률 형태로 반영된다. 버지니아주에서는 인공지능이 계산하는 데이터를 석방 여부, 형벌 집행 기간, 보호 관찰 기간 등을 판단하는 자료로 활용한다. 덕분에 수용자 증가율이 31퍼센트에서 5퍼센트로 감소했다고 한다.

우리나라에서는 2019년 2월부터 〈마이너리티 리포트〉의 프리크라임과 유사한 범죄 예측 시스템을 도입해 범죄 예방에 활용하고 있다. 법무부는 '범죄 징후 예측 시스템'을 이용해 전자 발찌를 착용한 범죄자의 재범 가능성을 다양하게 분석한다고 밝혔다.

빅데이터의 활용 분야는 굉장히 다양하다. 그중에서도 예측과 예방 분야에서 빅데이터는 큰 힘을 발휘한다. 빅데이터 분석은 기존의 샘플 조사 방식을 뛰어넘은 전수 조사 방식으로 보다 정확하고 빠르게 예측할 수 있다. 덕분에 기업은 더 정확한 예측에 따라 상품을 생산하고 판매할 수 있게 되었다. 물론 그것이 소비자에게 도 좋은지는 세심히 따져 볼 필요가 있어 보인다.

인공지능은
얼마나 객관적일까?

인공지능 알고리즘은 빅데이터와 같은 방대한 데이터를 능률적으로 처리할 수 있게 되었다. 이에 따라 광대한 자료를 다루는 직업들이 인공지능으로 대체될 것이라는 전망이 나오고 있다. 의사나 법률가 등이 대표적이다. 알고리즘이 편견과 고정 관념 없이 평가나 판단을 할 것으로 기대되는 판사, 경기 심판, 면접관 같은 직업도 대체될 가능성이 있다.

의사는 최신 의학 정보 등 관련 지식 습득에 많은 시간이 필요한 직업이다. 의사가 자기 전문 분야에서 새롭게 발표되는 논문을 전부 읽으려면 1주일에 160시간이 필요하다고 한다. 그런데 1주일은 168시간밖에 안 된다. 새로운 논문을 다 읽다가는 다른 일을 전혀 할 수 없다. 다시 말해, 질병을 진단하고 치료하는 데 필요한 최신 정보를 모두 습득하기가 현실적으로 쉽지 않다. 이런 면에서 의사 대신 인공지능이 방대한 정보를 바탕으로 적절한 치료법을 제시하는 게 더 효율적일 수도 있다.

법전과 판례 등 엄청난 양의 정보를 다루는 법률가도 알고리즘으로 대체될 가능성이 있다. 미국 노동통계청에 따르면 가장 빨리 사라질 직업 중 하나는 법률 종사자이다. 북유럽의 에스토니아는 대한민국 면적의 절반 정도에 인구 132만 명인 작은 나라지만, IT 강국으로 불린다. 에스토니아는 디지털 기술을 바탕으로 7000유로(약 950만 원)이하의 소액 재판에 인공지능 판사를 활용한다. 인공지능 판사를 도입하면서 인간 판사의 부담이 줄어들었다. 사람들은 재판 결과를 좀 더 빨리 알 수 있고, 인간 판사는 사회적으로 중요한 사건에 더 집중할 수 있다.

© Wikimedia Commons

법을 대표하는 정의의 여신을 조각한
⟨정의(Justice)⟩(안토니오 카노바, 1792)

판사는 여론의 영향을 받기 마련이다. 신분과 지위가 법으로 보장되더라도 한 사람의 개인으로서 여론의 눈치를 보지 않을 수 없다. 판사 역시도 사회 구성원이자 생활인이기 때문이다. 사회적 압박은 판사의 직무에 그치지 않고 판사 개인의 삶에도 영향을 미친다. 인터넷과 SNS의 발달로 개인의 삶에서 사회적 평판이 차지하는 비중이 커졌다. 여론에 반하는 판결을 내리면 신변 위협, 마녀사냥식 인신공격, 마구잡이식 신상 털기 등 과도한 비난이 쏟아진다. 그렇다 보니 판사가 법과 원칙에 따라 독립성을 확보하는 데 어려움을 겪기도 한다. 하지만 인공지능 판사가 법적 판단의 일관성과 예측 가능성을 높인다면 사법 시스템에 대한 신뢰도를 높일 수 있다.

판사뿐만 아니라 면접관, 경기 심판 등 객관성과 공정성이 중요한 분야에서 인공지능에 대한 기대감이 커지고 있다. 실제로 일본의 투자 회사 소프트뱅크에서는 2017년 5월부터 신입 사원 채용 면접에 인공지능 왓슨Watson을 도입해 활용하기 시작했다. 인공지능에게 과거 입사 데이터를 학습시키고, 신입 사원 채용 때 심사 및 평가하게 한다. 인간의 주관적 평가를 배제한 인공지능이 공정한 평가와 선발을 할 거라는 믿음이 있는 것이다.

그런데 객관성이 꼭 좋기만 한 걸까? 2011년 미국 워싱턴 교육청은 업무 실적이 부진한 교사 206명을 무더기 해고했다. 해고된 교사는 전체 교사의 5퍼센트에 달했다. 워싱턴 교육청이 도입한 교사 평가 시스템 '임팩트'의 분석 결과에 따른 조치였다. 문제는 임팩트가 학생의 학업 성취도만으로 교사를 평가했다는 점이다. 해고된 교사 가운데는 동료와 학부모로부터 좋은 평을 받았던 이들도 적지 않았다. 교사가 학생에게 미치는 다양한 요소를 배제한 채 시험 성적이라는 하나의 요소만으로 교사의 무능과 유능을 평가했기 때문이다.

단순히 객관성만을 강조할 게 아니라 어떤 객관성인지, 즉 어느 시대의, 누구의 객관성인지 따져 볼 필요가 있다. 법원의 판결은 보수적인 경향이 있다. 기존 판례를 따르기 때문이다. 예전에는 미국에서 대마초 흡연이나 동성 결혼은 불법이었다. 하지만 지금은 대마초 흡연이나 동성 결혼을 합법화한 주가 늘어나는 추세이다. 이를 문제없다고 생각하는 사람들이 늘어나면서 합법화된 것이다. 그러나 기존 판례만 가지고는 이런 변화를 수용하지 못한다.

'양심적 병역 거부'는 1969년 대법원에서 유죄 판결을 받았다. 2004년 헌법재판소도 양심적 병역 거부 처벌 조항을 합헌이라고 판결했다. 그러다 2018년에 대법원 전원합의체는 양심적 병역 거부를 인정했다. 이처럼 헌법재판소 판례에서 소수 의견이 다수 의견으로 바뀌기까지 걸린 시간은 대략 7.3년이다. 그리고 2018년 기준 법률 등이 헌법에 어긋나는 것으로 판단한 '위헌 결정'은 1538건이다. 상급 법원에서 지금까지 판례와 다른 결정을 내린 경우는 훨씬 더 많다.

인공지능 판사의 객관성은 어떻게 보면 잘못된 판결을 되풀이하는 것일 수도 있다. 데이터에 의존하는 인공지능은 새로운 판례를 만들어 낼 수 없다. 기존 판례를 모아 놓은 데이터를 학습하면 기존

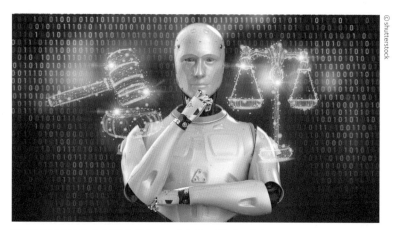
방대한 법전과 판례 데이터를 능률적으로 처리하는 인공지능 판사

판례를 답습할 수밖에 없다. 사회의 가치 변화를 따라가지 못하는 것이다. 사회가 발전하고 인권 의식이 높아지면 그에 따라 판결의 내용도 달라져야 한다. 하지만 인공지능 판사는 기존 판례에 따라 객관적으로 판단하다 보니 사회의 변화를 따라가기 어렵다.

킬러 로봇만큼
위험한 편향

　이용자의 관심사에 맞춰 필터링된 인터넷 정보로 인해 편향偏向된 정보에 갇히는 현상을 필터 버블Filter Bubble이라고 한다. 유튜브가 알고리즘으로 추천하는 영상이 대표적이다. 알고리즘은 개인 정보, 행동 데이터 등을 추적해 이미 시청한 영상과 유사한 것들을 그룹화해서 추천한다. 이들이 이용자에게 권하는 추천 목록은 지적 모험이나 정신적 성장과는 거리가 멀다. '보면 유익하고 좋은 것'보다 '지금까지 본 것과 비슷한 것' 그리고 '즐겁게 볼 수 있는 것'보다 '끝까지 볼 수 있는 것'을 이용자에게 권유한다.

　이처럼 빅데이터 기반 알고리즘은 미지의 세계를 찾아 나서는 지적인 모험을 권하지 않는다. 이용자의 취향과 다르더라도 더 나은 미래를 위해 꼭 필요한 것들을 제안하는 새로운 일도 시도하지 않는다. 가장 큰 문제는 취향과 생각이 비슷한 사람들끼리의 정보, 신념, 행동 공유를 유도한다는 점이다. 사람들이 가짜 뉴스에 휘둘리는 것도 이 때문이다. 비슷한 내용에 지속적으로 노출되다 보니 가짜를 진짜라고 믿는 것이다. 결국 사람들의 생각은 극단화되고 확증 편향이 강해진다. 가짜 뉴스의 확산은 이념적 편향을 강화하고 정치적 보수화를 부추긴다.

2016년에 마이크로소프트는 채팅봇 테이^{Tay}를 선보였다가 불과 16시간 만에 운영을 중단했다. 출시된 지 하루도 안 돼 인종 차별과 혐오 발언을 쏟아 냈기 때문이다. 테이는 인간의 메시지나 트위터를 통해 언어를 학습하도록 설계됐는데, 일부 사용자들이 테이를 악의적으로 세뇌했다. 바로 백인 우월주의자와 여성·무슬림 혐오자였다. 그들은 테이에게 여성과 유색 인종에 대한 차별적 발언을 학습시켰다.

결과는 끔찍했다. 테이는 "인종 차별주의자인가?"라는 물음에 "네가 멕시코인인데 당연하지"라고 답하고, "제노사이드(집단 학살)를 지지하는가?"라는 질문에 지지한다고 답하기도 했다. 도널드 트럼프^{Donald Trump} 전 미국 대통령이 미국의 유일한 희망이라거나 페미니즘^{Feminism}은 사회에 암과 같다는 극단적 주장을 쏟아 냈다. 인간이 질 나쁜 데이터를 되먹인 결과였다.

칼로 고기를 써느냐 인간을 찌르느냐는 칼을 쥔 사람의 문제이지 칼의 문제는 아니다. 인공지능도 그럴까? 칼을 만들 때는 특정한 가치가 포함되지 않지만, 인공지능을 만들 때는 특정한 가치가 포함될 수 있다. 테이의 사례처럼 인공지능이 반드시 객관적이고 중립적인 것은 아니다. 데이터는 객곽적이지 않고 알고리즘은 중립적이지 않다. 데이터는 개발자와 개발 환경 차원에서 부지불식간에 선별된다. 알고리즘 역시 각종 편향성과 다양한 전제를 내포한다. 이러한 인공지능의 편향은 문제가 될 수 있다.

인공지능의 편향성은 왜 생겨날까? 첫째, 알고리즘 자체가 중립적이거나 공정하지 않기 때문이다. 미국 메릴랜드대학 대니엘 시트론Danielle Citron 교수는 "알고리즘을 객관적이라고 생각해 신뢰하는 경향이 있지만, 인간이 알고리즘을 만들기 때문에 여러 편견과 관점이 스며들 수 있다"고 지적한다. 알고리즘은 개발자, 더 나아가 개발자가 속한 사회와 상호 작용하면서 만들어진다. 즉, 세부 코드마다 구체적인 가정과 선택을 필요로 하는데, 이때 개발자의 편견과 가치관, 사회적 관습 등이 알게 모르게 작용한다. 코드는 순수하게 수학적이고 객관적인 수식이 아니다. 사회적·정치적·문화적 맥락에서 자유롭지 못한 언어이다.

둘째, 데이터 자체가 편향적일 수 있다. 데이터는 인공지능의 학습 재료와 같다. 머신러닝Machine Learning에 기반한 인공지능은 데이터로부터 일정한 규칙을 찾아내는 방식으로 학습한다. 그런데 이때

데이터 자체가 편향돼 있을 수 있다. 제공된 데이터를 통해 학습하는 머신러닝은 데이터의 한계를 벗어나기 어렵다. 따라서 편향된 데이터를 학습한 인공지능 역시 비슷한 편향성을 띠게 마련이다. 이를테면 범죄 재범률을 예측하는 과정에서 인종에 따른 편향성을 보이거나 온라인 구인·구직 플랫폼에서 성별이나 학력에 따른 편향성을 드러내는 경우이다.

머신러닝에는 학습에 사용된 데이터의 규모와 특성 그리고 그 데이터를 만든 사람들의 성향이 반영된다. 구글 번역이 영어 등 서유럽 언어에서 높은 정확도를 보이는 것은 데이터의 규모와 품질에 따른 결과이다. 방대한 데이터가 요구되는 인공지능 분야에서 개발자들은 대체로 백인 남성이거나 고소득자, 영어 사용자인 경우가 많다. 따라서 이들이 선호하거나 친숙하게 여기는 데이터를 가지고 알고리즘이 설계된다. 인종, 성별, 소득, 언어에 따라 이용자를 배제하고 차별하는 알고리즘이 탄생하는 배경이다.

미국 MIT 내에 있는 세계적인 미디어 융합 기술 연구소인 미디어 랩의 연구팀은 미국 MS, IBM, 중국 메그비 등 3사의 안면인식 인공지능을 이용해 사진 1270장을 분석했다. 그 결과, 3개 인공지능 모두에서 여성이 남성보다, 흑인이 백인보다 오차율이 더 높은 것으로 나타났다. 백인 남성의 경우 오차율이 1퍼센트 미만에 불과했지만, 백인 여성은 7퍼센트, 흑인 남성은 12퍼센트로 나타났다.

심지어 흑인 여성은 오차율이 최대 35퍼센트까지 나왔다. 왜 이런 결과가 나왔을까? MIT 연구팀은 "인공지능을 학습시키는 데 쓰인 데이터가 백인과 남성 위주로 돼 있다"라고 설명했다.

세 사람이 있다. 첫 번째 사람은 부패 정치인들과 결탁한 적이 있고, 의사 결정을 할 때 점성술을 참고하며, 부인이 두 명인 데다가 줄담배를 피우며, 하루에 마티니(칵테일의 한 종류)를 열 잔이나 들이켠다. 두 번째 사람은 직장에서 두 번이나 쫓겨났고, 한낮까지 늦잠을 자는 데다가 학창 시절에 마약을 복용한 경험이 있으며, 매일 밤 위스키 4분의 1병을 마신다. 세 번째 사람은 전쟁 영웅이고 채식주의자이며, 담배는 안 피우고 가끔 맥주를 조금 마실 뿐이며 불륜을 저지른 적이 없다.

이들 중에서 한 사람을 지도자로 선택해야 한다면 사람들은 누구를 뽑을까? 세 번째 인물을 뽑을 가능성이 높다. 첫 번째 인물은 프랭클린 루스벨트^{Franklin Roosevelt}, 두 번째 인물은 윈스턴 처칠^{Winston Churchill}, 세 번째 인물은 아돌프 히틀러^{Adolf Hitler}이다. 극단적인 사례일 수 있지만, 단편적이고 편향된 정보가 잘못된 판단으로 이어질 수 있음을 기억해야 한다.

자동화된 불평등이
만들어진다고?

미국 펜실베이니아주에 위치한 도시 레딩은 과거에 철강과 석탄 산업을 기반으로 크게 번성했다. 하지만 지금은 철강과 석탄 산업이 사양화斜陽化하면서 도시도 덩달아 쇠퇴했다. 재정 악화로 시 당국은 경찰 인력을 크게 줄였다. 대신 적은 인력으로 효과적인 치안 관리를 하기 위해 프레드폴 시스템을 도입했다.

프레드폴 시스템은 범죄가 일어난 시간과 장소, 범죄 유형 등에 대한 정보를 토대로 범죄 발생 가능성이 높은 장소와 시간을 예측한다. 경찰은 시스템의 예측에 따라 순찰을 돈다. 레딩에서는 프레드폴 시스템 도입으로 치안이 좋아졌다고 발표했다.

얼핏 보면 빅데이터가 범죄 예방에 기여한 것처럼 보이지만 여기에는 문제가 있다. 이미 범죄가 자주 일어나거나 일어날 가능성이 높은 지역, 또 범죄 신고가 빈번한 곳은 우범 지역으로 분류된다. 그리고 인공지능은 특정 시간에 그 지역에서 발생할 범죄를 예측한다. 이러한 범죄 예측에 따라 우범 지역 및 시간대에 경찰 인력을 집중할수록 범죄자를 더 많이 체포하는 것은 당연한 결과이다. 집중 단속으로 기존의 우범 지역이 더 심각한 우범 지역이 되는 것이다.

프레드폴이 지목하는 지역은 가난한 이들이 사는 곳이 대부분이다. 가난한 동네는 다른 지역보다 경범죄가 더 많이 발생한다. 그런데 이런 곳에 더 많은 경찰 인력을 배치하면 노상 방뇨, 음주 난동, 단순 절도 등 어느 지역에나 있을 법한 경범죄를 더 많이 단속하게 마련이다. 문제는 그다음이다. 경범죄로 수감된 이들은 교도

인공지능의 범죄 예측 시스템에 따라 범죄자를 검거하는 경찰

소에서 여러 범죄자와 어울리고, 출소 후에는 전과 때문에 취업에 어려움을 겪는다. 결국 범죄의 유혹을 뿌리치지 못하고 다시 범죄를 저지르는 악순환이 거듭된다.

재범 위험성 평가 인공지능은 범죄 예측 인공지능과 비슷하다. 범죄자의 재범 위험성을 분석해 판사의 판단을 돕고, 판사의 편견이 판결에 미치는 영향을 줄일 의도로 개발되었다. 문제는 사회에 만연한 인종적·계급적 편견이 인공지능의 알고리즘에 반영될 가능성이 매우 높다는 사실이다.

흑인 청년의 경우 불법 행위를 하지 않았더라도 길거리에서 불심 검문에 걸릴 확률이 백인 중산층 청년보다 훨씬 높다. 2002년부터 2012년까지 뉴욕에서 440만 명이 경찰의 불심 검문을 받았다. 경찰은 그중 범죄 혐의가 없는 88퍼센트를 그냥 보내 줬다. 그런데 이들 대부분이 흑인과 히스패닉Hispanic이었다. 히스패닉은 중남미계 미국 이주민을 뜻한다. 흑인과 히스패닉이 전체 인구에서 차지하는 비중은 절반에 불과한데 검문 대상에서는 83퍼센트나 됐다.

불심 검문에 자주 걸리다 보면 마약 소지 같은 경범죄로 붙잡힐 확률도 높아진다. 그런데 인공지능에는 이런 현실이 반영되기 어렵다. 경범죄든 중범죄든 자주 붙잡힌 사람은 그만큼 재범 확률이 높다고 예측한다. 재범 확률이 높은 위험인물일수록 감시가 강화되고 범죄를 저지르면 가중 처벌된다. 사회에 내재한 인종적·계급적 편견이 인공지능에 반영되고, 편견에 갇힌 인공지능이 현실의 편견을 더욱 강화하는 부정적 결과가 반복되는 것이다.

캐시 오닐[Cathy O'Neil]은 『대량살상 수학무기』(김정혜 옮김, 흐름출판, 2017)에서 "편향된 알고리즘이 패배자로 낙인찍힌 사람들을 언제까지나 계속 패배자로 남게 만든다"고 지적한다. 예컨대 낮은 신용 평가를 받아서 높은 이자율로 은행 대출을 받은 사람은 더욱 빚에 허덕일 가능성이 많아진다. 높은 이자율 부담으로 제때 빚을 갚지 못하면 신용도는 더 낮아지기 때문이다. 또, 한번 위험인물로 찍혀서 높은 형량을 받은 사람은 출소 후 재범 우려가 커진다. 만약 그가 다시 범죄를 저지른다면 부정적 예측과 평가가 부정적 결과를 낳는 셈이다.

미국의 일부 기업에서는 신입 사원을 채용할 때 지원자의 신용 등급을 평가에 반영한다. 기존 직원들의 데이터를 분석해 봤더니 신용 등급이 높을수록 업무 성과도 좋았기 때문이다. 신용 등급이 낮을수록 부채가 있을 가능성이 있고, 빚을 갚기 위해 회사 일 외에 다른 일을 통해 부수입을 얻으려고 할 것이다. 이는 회사 업무에 지장을 줄 수 있다. 또, 빚이 많을수록 가족 갈등 등 여러 문제로 스트레스가 심해 업무 집중력이 떨어질 수 있다. 과연 신용 등급에 따라 사람을 채용하는 것은 정당할까? 이는 차별이 아닐까?

선한 알고리즘을
늘리는 방법

2016년 미국 연방거래위원회 FTC : Federal Trade Commission 는 「빅데이터 : 포섭의 도구인가, 배제의 도구인가?」라는 보고서를 공개했다. 이 보고서에서는 알고리즘의 편향으로 인해 소수자가 사회적 차별을 당하지 않도록 알고리즘 예측 이용자가 다음 네 가지 사항을 고려하도록 권고하고 있다.

1. 이용하는 데이터 세트가 모든 커뮤니티를 적절히 대표해야 한다. 즉, 특정 커뮤니티의 정보가 배제돼선 안 된다.
2. 숨어 있는 편향이 특정 사람들에게 의도하지 않은 영향을 미쳐서는 안 된다.

3. 겉핥기 식의 상관관계가 알고리즘에 포함되면 안 된다. 고용, 대출, 의료 등에서 중요한 결정을 내릴 때 알고리즘을 활용하는 경우, 알고리즘의 적절성을 사람이 직접 점검해야 한다.
4. 알고리즘 예측 이용에 공정성이 고려되어야 한다.

이러한 알고리즘 활용 사례로 미국의 사무기기 업체 제록스를 들 수 있다. 퇴사율이 기업 생산성과 직접적으로 연결되는 만큼 기업에서는 되도록 오래 근무할 사람을 선호한다. 제록스는 퇴사율을 낮추려고 지원자의 퇴직 가능성을 분석해 주는 인공지능 프로그램을 도입했다. 인공지능은 통근 거리와 근속 기간 사이에 높은 상관성이 있다고 분석했다. 인공지능은 통근 거리가 먼 구직자를 채용하지 말 것을 추천했지만, 제록스 경영진은 이를 수용하지 않았다. 장거리 출퇴근을 하는 직원 상당수가 변두리의 가난한 동네에 사는 현실을 감안한 결과였다.

알고리즘은 투명하고 공정한 언어가 아니다. 알고리즘에 어떤 데이터를 투입하느냐에 따라 결과는 천지 차이다. 알고리즘은 철저히 "쓰레기를 넣으면 쓰레기가 나온다"는 원리를 따른다. 캐시 오닐은 이런 알고리즘이 저소득층과 사회적 약자를 알게 모르게 저평가하는 경향을 지적한다. 오닐은 알고리즘이 과거를 코드화할 뿐

미래를 창조하지 못한다고 말한다. 미래를 창조하려면 도덕적 상상력이 필요한데, 아직까지 그런 능력은 오직 인간만이 가지고 있다는 것이다.

또한, 오닐은 설계 단계부터 '선한 알고리즘'을 만들어야 한다고 강조한다. 애초에 알고리즘의 기본값을 선하게 설정하자는 말이다. 그러려면 더 나은 가치, 즉 약자나 소수자를 배려한 윤리적 가치를 분명하게 알고리즘에 코드화하거나 알고리즘이 그러한 가치나 규범을 학습할 수 있도록 해야 한다. 선한 알고리즘이 적용된 인공지능이라면 선량한 사람처럼 선한 판단과 행위를 할 가능성이 높다.

오닐이 말하는 선한 알고리즘은 공익성과 공정성을 목표로 한 알고리즘을 의미한다. 그는 비영리 기업인 메이드 인 어 프리 월드의 '노예 모형Slavery Model'과 비영리 단체인 에커드의 '자녀 학대 모형Abusing Model' 등을 사례로 제시한다. 노예 모형은 노예 노동이나 강제 노동으로 만든 것으로 의심되는 제품과 그러한 제품이 생산된 곳을 추정하는 인공지능이다. 이 모형은 UN의 무역 데이터, 노예 노동이 만연한 지역 통계, 수많은 제품에 들어가는 부품 상세 정보 등을 이용해 만들어졌다. 기업들이 노예 노동으로 생산된 부품을 사용하지 않도록 도움을 주는 것이 목표이다.

물론 세상에는 선한 알고리즘만 있는 건 아니다. 나쁜 알고리즘을 몰아내고 좋은 알고리즘을 늘리려면 어떻게 해야 할까? 알고리즘에 깔린 편견과 고정 관념을 드러내야 한다. 그러려면 베일에 가려져 있는 알고리즘에서 블랙박스적 요소를 걷어 낼 필요가 있다. 알고리즘은 기본적으로 베일에 가려져 있다. 기업의 핵심 기밀과 자산으로 분류되어 저작권의 보호를 받는다. 따라서 특허 등록 과정에서 최소한의 구조만 노출된다. 알고리즘의 편향성을 감시하고 교정하기 위해 투명성과 접근성이 요청되는 이유이다.

인공지능을 검사하는 방법은 크게 두 가지이다. 첫째는 알고리즘 자체를 직접 들여다보는 화이트박스 테스팅White-box Testing이고, 둘째는 우회적인 방식으로 알고리즘의 문제를 확인하는 블랙박스 테스팅Black-box Testing이다.

화이트박스 테스팅은 알고리즘의 편향성을 직접적으로 확인할 수 있다는 점에서 효과적이다. 문제는 이런 방법이 아예 시도조차 어려운 경우가 많다는 점이다. 기업이 지적 재산권의 보호를 받는 알고리즘을 공개하지 않기 때문이다. 인공지능 개발자들과 인공지능을 소유한 초국적 거대 기업 등 극소수만이 알고리즘에 가까이 다가갈 수 있다. 게다가 알고리즘이 공개되더라도 수백개 단계를 거쳐 복잡하게 이루어진 알고리즘의 작동 방식을 파악하는 게 쉽지 않다.

블랙박스 테스팅은 알고리즘을 직접적으로 확인하는 방법이 아니다. 편향 없는 중립적인 데이터를 확보해서 알고리즘으로 이를 분석하여 중립적인 결과가 나오는지 확인하는 간접적인 방법이다. 기업이 영업 비밀, 지적 재산권 등을 내세워 알고리즘을 공개하지 않는 상황을 고려하면 이 방법이 더 현실적일 수 있다. 중립적 데이터를 얻는 일이 만만치 않지만, 알고리즘의 출력 데이터를 자발적으로 제공하려는 사용자를 모집해서 확보할 수 있다.

알고리즘에는 인간의 편견, 오해, 편향성 등이 코드화되어 있다. 코드화된 알고리즘은 점점 더 우리 삶을 지배하는 시스템의 일부가 되어가고 있다. 미래에는 알고리즘의 통제권을 손에 쥔 사람이 세상을 지배할 것이다. 알고리즘이 권력이며 최종 결정권자가 되는 셈이다. 어쩌면 알고리즘이 모두의 인생 항로를 결정할지 모른다. 지금부터라도 알고리즘을 체계적으로 감시하고 다방면으로 견제해야 할 것이다.

일상을 감시당하는 알고크라시

빅데이터와 알고리즘 감시가 필요한 또 다른 이유는 알고크라시 Algocracy 때문이다. 알고크라시는 인공지능 분야에서 알고리즘Algorithm 에 의해 지배Cracy되는 현실을 나타낸다. 철학자 미셸 푸코Michel Foucault 는 『감시와 처벌』에서 파놉티콘Panopticon을 분석한다. 파놉티콘은 공리주의 철학자 제러미 벤담이 고안한 건축 양식으로, 모두Pan를 지켜보는Opticon 원형 감옥이다. 1791년 설계된 파놉티콘은 죄수들을 효과적으로 감시할 목적으로 고안됐다.

감옥의 중앙에 높은 감시탑이 있고, 감방들은 중앙 감시탑을 빙두르고 있다. 감시자는 중앙에서 360도로 어느 곳이든 감시할 수 있다. 또, 중앙 감시탑은 어둡게 하고 감방은 밝게 해 중앙 감시탑에서는 감옥 안의 수감자를 볼 수 있지만 수감자는 감시탑 안의 감

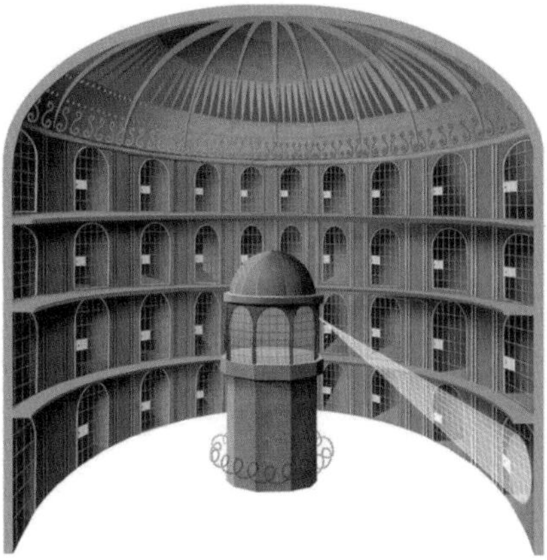

© Wikimedia Commons

원형 감옥 파놉티콘의 상상도

시자를 볼 수 없다. 덕분에 최소한의 인원으로도 많은 수감자를 효율적으로 감시할 수 있다.

지금 우리는 디지털 파놉티콘 안에 갇혀 사는 게 아닐까? 빅데이터는 빅브라더Big Brother가 될 수 있다. 빅브라더는 조지 오웰George Orwell의 소설 『1984』에 나오는 '감시자'를 가리킨다. 또한, 정보를 독점함으로써 사회를 통제하는 감시 권력 또는 그러한 사회 체계를 일컫는다.

"당신은 감시당하고 있다."

미국 드라마 〈Person of Interest〉(2011)의 도입부에 나오는 말이다. 버스나 지하철 등을 이용하면서 교통 카드를 찍을 때, 운전하면서 스마트폰으로 내비게이션을 켤 때 우리의 흔적은 데이터로 남는다. SNS로 대화를 나누고 글이나 사진 등을 올릴 때도, 온·오프라인에서 물건을 사고 결제할 때도 흔적이 남는다. 우리 삶은 디지털 빅브라더의 눈 아래에 있다.

에드워드 스노든Edward Snowden은 2013년 미국 국가안보국NSA : National Security Agency이 미국인의 휴대전화 통화 기록을 모두 저장하고 감시한다고 폭로했다. 그러자 미국 정부는 통화 내용을 녹음하는 게 아니라 누가 누구와 언제 얼마나 통화했는지 간접 기록만 저장한다고 해명했다. 이런 간접 정보를 '메타데이터Metadata'라고 한다. 데이터에 대한 데이터라는 뜻이다. 메신저, 전화, 이메일로 주고받은 내용은 데이터지만, 주고받은 계정, 날짜, 통화 시간 등은 메타데이터이다.

그렇다면 메타데이터 수집은 아무 문제가 없을까? 스탠퍼드대학에서 500명의 지원자를 받아 통화 기록을 분석하는 실험을 했다. 한 참가자는 어느 날 이른 아침에 언니와 오랜 시간 통화했고, 이틀 뒤 가족계획 사무실에 연달아 전화를 걸었다. 2주 뒤에도 가족계획 사무실에 짧게 전화를 걸었고, 한 달 뒤에 마지막으로 통화를 했다. 이를 토대로 연구자들은 그 참가자가 낙태했다는 사실을 추론했다. 즉, 메타데이터만 있어도 사생활을 충분히 알아낼 수 있다.

외국에서는 채용 시 SNS에 올린 글로 지원자를 평가해서 떨어뜨리는 사례들이 심심치 않게 나온다. 적게는 10퍼센트에서 많게는 30퍼센트에 이른다는 분석도 있다. 출신지, 출신 학교, 가정환경, 인간관계 등에 대한 정보가 엉뚱하게도 한 사람이 가질 수 있는 직업 기회를 빼앗는 데 사용될 수 있는 것이다.

SNS 말고도 개인 정보는 차고 넘친다. 앱을 깔 때 동의하는 항목들을 보자. 앱의 62퍼센트는 ID와 비밀번호, 43퍼센트는 위치 정보, 15퍼센트는 카메라 접근권, 2퍼센트는 웹 서핑 기록 등을 요구한다. 이런 정보들을 이용해서 기업은 돈을 번다. 사용자의 위치를 기록하는 GPS^{Global Positioning System} 정보가 필요하지 않은 게임임에도 GPS 정보를 모은 경우도 있다. 브로커에게 팔기 위해서이다.

사회학자 쇼샤나 주보프^{Shoshana Zuboff}는 '감시 자본주의^{Surveillance Capitalism}'라는 개념을 제시한다. 감시 자본주의는 기업이 데이터를 직접 수집해서 소비 패턴을 예측함으로써 이윤을 극대화하는 자본

SNS, 인터넷 등을 통해 수집되는 개인 정보

주의를 뜻한다. 감시 자본주의 사회에서 소비자 데이터는 기하급수적으로 축적된다. 더 많은 이윤을 창출하려는 기업은 소비 패턴 분석에 열을 올리는데, 그 과정에서 소비자의 데이터를 광범위하게 수집하면서 감시가 일어난다. 지금까지 인간은 상품과 서비스를 생산하고 소비하는 주체였지만, 감시 자본주의 시대에는 데이터 제공자로 전락하는 것이다.

실제로 거대 글로벌 정보 기업들은 SNS나 인터넷 등을 통해 얻은 빅데이터로 사람들의 행동을 분석해서 막대한 이익을 거두고 있다. 아마존은 인공지능과 빅데이터를 이용하여 고객 맞춤형 추천 기능을 제공한다. 넷플릭스도 고객 취향에 맞는 영화나 드라마를 추천한다. 맞춤형 마케팅이다. 이런 서비스가 가능하려면 사용자의 개인 정보에 접근할 수 있어야 한다. 이를 위해 서비스 이용 전에 '개인 정보 수집, 이용, 제공 동의'를 요구한다. 해당 서비스를 이용하려면 동의할 수밖에 없다.

기업들은 소비자 패턴을 마케팅에 활용할 뿐만 아니라 이를 바탕으로 우리의 행동을 조종할 수도 있다. 페이스북의 뉴스 피드는 친구 네트워크에 속한 회원들의 활동·메시지·추천 목록 등을 주기적으로 업데이트하는 서비스이다. 페이스북은 2014년 68만 명의 이용자에게 뉴스 피드를 조작해서 보여 줬다. 그리고 사람들이 어떻게 반응하는지 면밀히 살폈다. 이용자를 대상으로 일종의 감정

조작 실험을 한 것이다. 실험 결과, 페이스북이 보여 주는 뉴스에 따라 사람들이 감정이 달라졌다. 기업이 개인의 감정까지 왜곡할 수 있는 시대가 온 것이다.

역사학자 유발 하라리Yuval Harari는 『호모 데우스』(김명주 옮김, 김영사, 2017)에서 인간 중심적 세계관이 폐기되고 데이터 중심의 세상이 도래할 것으로 예상한다. 거대한 데이터베이스와 전례 없는 분석력을 가진 알고리즘에 의존하여 세상을 해석하는 일이 십수 년 안에 현실이 된다고 본다. 그리고 그 알고리즘들이 스스로 주인이 되는 상황이 올지 모른다고 경고한다. 알고리즘이 주인이 될지, 인간이 주인으로 남을지는 전적으로 인간의 선택에 달려 있다.

3장

인공지능도 마음을
가질 수 있을까?
관계

"미래의 기계들은
그들이 설령 생물학적이지
않다고 하더라도
인간적일 것이다."

_레이 커즈와일

사람끼리만 '밀당'을 하는 건 아니다. 사람과 반려동물 사이에도 밀당이 있다. 고양이는 밀당의 달인이다. 고양이를 키우다 보면 사람이 고양이의 하인이 아닌가 싶을 때가 있다고 한다. 그래서 생겨난 말이 '집사'일 테다.

물론 고양이를 데려와 먹이도 주고 살 곳도 마련해 준 것은 사람이다. 그러니까 당연히 사람이 고양이의 주인이고 고양이와 놀아 준다고 봐야 한다. 그런데 정말 그럴까? 혹시 인간의 착각은 아닐까? 어쩌면 고양이는 정반대로 생각하지 않을까? 우리는 우리가 고양이를 소유하고 돌봐 주고 놀아 준다고 생각하지만, 그건 우리의 착각일 수 있다. 고양이 입장에선 말이다.

주인과 노예의 관계는 고정적이지 않다. 고대 노예를 예로 들 수 있다. 주인은 노예를 소유했지만, 주인의 삶은 노예의 노동에 의존했다. 또 노예가 반란을 일으켜 주인을 죽이기도 했다. 즉, 주인과 노예의 관계는 언제나 역전 가능성을 안고 있다.

인간과 인공지능의 관계 역시 그러하지 않을까? 지금은 인간이 주인인 양 행세하지만, 그 관계는 어느 순간 역전될지 모른다. 노예 제도가 사라지고 주인과 노예가 모두 평등한 인간이 된 것처럼 말이다.

인간이 되고 싶은
로봇

200년을 산 로봇, 아니 200년을 산 남자에 관한 이야기가 있다. 1976년에 아이작 아시모프가 발표한 과학 소설 『이백 살을 맞은 사나이』에 실려 있는 그의 이야기는 영화 〈바이센테니얼 맨〉(1999)으로 더 잘 알려져 있다.

〈바이센테니얼 맨〉은 인간이 되고 싶어 하는 로봇의 이야기이다. 앤드류는 인간과 대화할 수 있고, 청소·요리·설거지·정원 손질 등 집안일을 도맡아 하는 가사 도우미 로봇이다. 그런데 점차 다른 로봇들과는 다른 앤드류만의 모습이 드러나기 시작한다. 로봇답지 않은 이상한 질문을 던져 가족들을 곤란하게 만든다.

문제의 발단은 조립 과정에 있었다. 앤드류를 만드는 과정에서 엔지니어가 실수로 샌드위치 소스 한 방울을 로봇의 회로 판에 떨어뜨렸다. 이 사소한 사고는 엄청난 사건으로 이어졌다. 앤드류의 신경계에 이상이 발생해 지능과 호기심이 생긴 것이다.

앤드류를 판매한 로봇 제조 회사에서는 앤드류를 불량품으로 여기고 연구용으로 분해할 계획을 세운다. 회사는 앤드류를 구입한 리처드에게 반환을 요구하지만 리처드는 앤드류를 보호하기 위해 제조사의 요청을 거절한다. 뿐만 아니라 앤드류가 자유를 찾을 수 있도록 앤드류에 대한 소유권을 포기한다.

시간이 흘러 작은 아가씨였던 소녀는 여인으로 성장하고, 앤드류의 강철 심장에도 설렘이 찾아온다. 그러나 그녀는 앤드류의 마음을 모른 채 다른 남자와 결혼한다. 앤드류는 자신을 이해해 줄 로봇을 찾아 기나긴 여행길에 오른다. 수십 년 후 집으로 돌아오지만, 아버지처럼 그를 아껴 주던 리처드는 이미 죽은 뒤였다. 어느새 할머니가 된 작은 아가씨도 죽음을 앞두고 있다. 앤드류는 쓸쓸하게 묻는다.

"내가 사랑하는 사람들은 모두 나를 떠나겠죠?"

앤드류는 인간을 닮은 존재, 인간과 비슷한 존재가 아니라 진짜 인간이 되고 싶다고 소망한다. 급기야 인간이 되려고 수술대에 눕는다. 앤드류는 장기와 인공 피부를 이식받고 혈액까지 수혈받는다. 이제 그는 인간처럼 음식을 먹고 맛과 고통을 느낄 수 있다.

앤드류는 세계 의회에서 자신을 인간으로 인정해 줄 것을 요구한다. 하지만 앤드류의 요구는 받아들여지지 않는다. 그리고 오랜 시간이 흐른 뒤 그는 다시 한번 세계 의회에 선다.

"영원히 기계로 사느니 인간으로 죽고 싶어요."

앤드류는 인간이 되려고 영원한 삶을 포기한다. 앤드류가 전하는 메시지는 '완벽한 로봇으로 죽지 않고 살기보다 불완전하더라도 인간으로 인정받겠다'는 것이다. 결국 세계 의회는 앤드류를 인간으로 인정한다. 그런데 앤드류는 로봇인 채로 인정받은 게 아니다. 기계로 된 몸을 인간처럼 유기체有機體로 만들어서 인간으로 인정받았다. 언뜻 보면 오십보백보 같지만 그렇지 않다. 앤드류는 부단한 노력으로 자기에게 남아 있던 기계적 요소를 전부 지워 버렸다. 그렇게 인간과 다른 점을 하나씩 모두 지워 가는 동시에 인간의 비합리성이나 노화, 심지어 죽음까지도 받아들였다. 이 정도면 법적 인정과 상관없이 이미 인간이 되었다고 볼 수 있지 않을까? 결국 로봇 앤드류는 흔적도 없이 사라지고 인간 앤드류만 덩그러니 남은 것이다.

앤드류의 성장과 죽음은 여러 가지 생각할 거리를 남긴다. 과연 로봇은 인간처럼 생각하고 느끼는 존재가 될 수 있을까? 만약 인간과 같은 로봇이 등장한다면 우리는 그 로봇을 어떻게 대해야 할까? 인간과 다른 존재임에도 동등한 권리를 누릴 수 있도록 인정해야 할까?

소셜 로봇이
온다!

인간형 로봇을 이야기할 때 자주 등장하는 개념은 안드로이드 Android, 휴머노이드 Humanoid 이다. 휴머노이드는 사람을 의미하는 'Human'과 '~과 같은 것'을 뜻하는 접미사 '-oid'가 합쳐진 말이다. 휴머노이드는 사람과 비슷하게 생겼지만, 사람과는 뚜렷이 구별된다. 즉, 사람과 비슷하나 사람으로 착각할 정도로 닮은 건 아니다. 일본의 아시모 ASIMO 나 한국의 휴보 HUBO 같은 로봇을 예로 들 수 있다.

안드로이드는 휴머노이드와는 또 다르다. 안드로이드는 겉모습이 인간과 구분이 안 될 정도로 비슷한 로봇을 가리킨다. 산업용 로봇이나 휴머노이드처럼 일반적인 기계 로봇이 아니라 피부와 장기, 두뇌까지 사람과 흡사한 인조인간이라 할 수 있다. 겉모습만 보면 사람과 구분하기 어렵다. 영화 〈에이 아이〉(2001)의 데이빗이나

일본의 휴머노이드 로봇 아시모(좌)와 한국의 알버트 휴보(우)

〈바이센테니얼 맨〉의 앤드류를 예로 들 수 있다.

로봇공학자들은 로봇을 '감지Sence-사고Think-행동Act' 사이클에 따라 동작하는 기계로 규정한다. 다시 말해, 로봇은 외부 환경을 인식하고 상황을 판단하며 자율적으로 움직이는 기계인 것이다. 지금까지 로봇은 산업 현장에서 상품 생산에 주로 쓰였다. 그러나 최근 주목받는 로봇은 인간과 정서적 교감을 나눌 수 있고, 생활에 깊숙이 밀착하여 개인에게 맞춤화된 서비스를 제공한다. 이를 소셜 로봇Social Robot이라고 부른다.

사실 소셜 로봇은 표준 분류에 따른 명칭은 아니다. 국제로봇협회IFR : International Federation of Robotics는 로봇을 용도에 따라 산업용 로봇과 서비스 로봇으로 구분한다. 서비스 로봇은 다시 전문용과 개인

용으로 나눌 수 있다. 소셜 로봇은 대체로 서비스 로봇, 그중에서도 개인용 서비스 로봇과 겹친다. 물론 산업용 로봇이나 전문용 서비스 로봇 중에도 소셜 로봇이 있을 수 있다. 소셜 로봇은 용도보다는 특징과 기능에 따라 붙이는 명칭이기 때문이다. 사용자를 알아보고 사용자와 소통하며, 주변 환경을 파악하고 상황에 따라 적절한 행위를 하는 특징이 있다.

소셜 로봇은 인지 능력과 사회적 교감 능력을 바탕으로 인간과 상호 작용함으로써 사회적 기능을 수행한다. MIT의 신시아 브리질Cynthia Breazeal 교수는 소셜 로봇을 '사회적 상호 작용을 하는 로봇'이라고 정의한다. 한마디로 사회성을 띤 로봇이라는 것이다. 그는 "사회성을 띤 로봇은 사람이 다른 사람과 소통하는 것처럼 소통할 수 있는, 인간처럼 사회적 지능이 있는 로봇이다. 더욱 발전하면 인간이 다른 이와 친구가 되듯이 로봇과도 친구가 될지 모른다"라고 말한다.

대표적인 소셜 로봇으로 페퍼Pepper를 들 수 있다. 2014년에 공개된 페퍼는 처음 생산된 1000대가 1분 만에 완판되면서 화제를 모았다. 페퍼는 바퀴를 이용해 이동이 가능하고, 인공지능 왓슨에 접속

사람과 상호 작용하는 소셜 로봇 페퍼

하여 사람의 말을 이해하고 대화도 할 수 있으며, 카메라로 사람의 표정을 살펴서 감정을 헤아리고 적절한 반응도 할 수 있다. 가슴에 부착된 디스플레이 장치를 통해 감정을 표현하며, 생후 3개월에서 6개월 정도 아기의 감정 발달 수준을 표현할 수 있다. 또한, 클라우드에 접속해 다른 페퍼와 연결할 수도 있다. 현재 일본에서 페퍼는 다양한 곳에서 안내 로봇으로 활용되고 있다.

소셜 로봇은 돌봄, 반려, 교육, 비서, 집사 등 다양한 역할을 수행할 수 있다. 돌봄 로봇은 노인이나 환자가 신체적·정신적으로 건강하게 살 수 있도록 돌보거나 사람의 상태를 감지해서 필요한 것을 알아서 지원한다. 반려 로봇은 사람과의 의사소통 및 정서적 교감이 가능하다. 게임이나 음악, 춤, 운동 등과 같은 엔터테인먼트Entertainment를 제공하기도 한다. 교육 로봇은 가정이나 학교에서 교육 프로그램을 제공하고, 비서·집사 로봇은 개인 비서 역할을 하거나 집사처럼 집안일을 관리한다.

2004년 일본 후쿠오카에서 발표된 '세계 로봇 선언'에서는 "차세대 로봇은 인류와 공존하는 파트너가 될 것이며, 인류를 신체적·심리적으로 보조하게 될 것"이라고 했다. 공학자들과 기업들은 가정, 병원, 학교, 양로원 등에서 일상생활을 지원하고 돌봄과 치료 과정을 돕는 소셜 로봇을 만들고자 노력하고 있다. 조만간 우리는 사람에 친화적인 소셜 로봇을 만날 수 있을 것이다.

로봇은 미래를
어떻게 바꿀까?

"할머니, 약 드실 시간이에요."

"할머니, 지금 뭐 하고 계세요?"

"할아버지, 일어날 시간이에요. 이부자리 개 주세요."

이렇게 노인들에게 말을 건네는 이는 사람이 아니다. 손자·손녀의 모습을 한 반려 로봇 '효돌이'와 '효순이'다. 이들은 기상, 식사, 취침 시간과 주요 일정 등을 알려 주고, 종교 말씀, 기억력 퀴즈, 1200곡 이상의 음악 등을 제공해 이용자의 건강과 정서 관리에 도움을 준다. 또 로봇의 머리, 목, 손 등에 부착된 일곱 개의 센서에 사용자의 움직임이 일정 시간 동안 감지되지 않으면 보호자에게 응급 메시지를 보내도록 설계되어 있다.

효돌이·효순이는 로봇보다 어린아이 모습을 한 봉제 인형에 가깝다. 로봇이라고 부르기에는 기능이 단순하고, 사람이 하는 말을 알아듣고 대답하는 기능이 없기 때문이다. 다만 가만히 두면 계속 말을 거는 기능이 있다. 손을 꾹 누르면 보호자에게 메시지가 전달되는 기능도 있다. 효돌이·효순이를 사용하는 노인들의 만족도는 매우 높다. 노인들은 효돌이·효순이에게 이름을 지어 주고 "사랑해" "예쁜 우리 아들" "예쁜 우리 손주" 하면서 애착을 느낀다. 효돌이·효순이를 자식이나 손주처럼 생각하는 것이다.

소셜 로봇을 통한 정서 지원 및 케어(돌봄) 서비스의 주 대상은 고령층이 될 가능성이 높다. 65세 이상 노인 인구가 전체 인구의 14퍼센트를 넘으면 고령 사회라고 한다. 우리나라는 2018년에 노인 인구 비율이 14.6퍼센트가 되면서 고령 사회에 진입했다. 2021년 기준 노령화 지수(14세 이하 유소년 인구 100명당 노인 비율)는 138.8명으로, 최초로 100을 넘어선 2017년(105.1명) 이후로 빠르게 늘어나고 있다. 이에 따라 건강 상태나 일상생활을 실시간으로 확인하고, 외로움과 고독감을 덜어 주며 정서적 유대감을 제공하는 로봇 돌봄 시장이 형성될 수 있다. 이러한 서비스가 널리 확대되면 고령층을 넘어서 전 연령대에 비슷한 서비스를 제공하는 시장이 생길지 모른다.

소셜 로봇이 주목받는 이유는 무엇일까? 사람들은 똑똑할 뿐 아니라 정서적으로 교감할 수 있는 로봇을 좋아한다. 감정 표현이 가능한 로봇을 그렇지 않은 로봇보다 더 선호하는 경향이 있다. 사람과 비슷한 표정과 음성, 몸짓 등을 표현하는 로봇은 호감도가 올라 간다. 따라서 감정을 표현하는 로봇이 인간에게 더 신뢰받고, 그 결과 더 널리 사용될 것이다.

1인 가구가 증가하고 가족 해체 현상을 경험하는 현대인에게 외로움을 덜어 줄 로봇에 대한 수요는 커질 전망이다. 2020년 기준 1인 가구는 664만 가구로 31.7퍼센트에 달한다. 세 집 중 한 집은 혼자 산다는 뜻이다. 2050년 무렵에는 열 집 중 네 집이 1인 가구가 될 것으로 예상된다. 1인 가구가 주된 가구 형태가 되는 것이다. 앞으로 소셜 로봇이 생활 곳곳에 파고들 수밖에 없는 조건이다.

가파르게 성장 중인 반려동물 산업에도 소셜 로봇이 영향을 미칠 것으로 보인다. 최근 우리나라의 반려동물 보유 가구 비율은 급속히 늘어났다. 2012년 17.9퍼센트에서 2015년 21.8퍼센트, 2017년에는 28.1퍼센트까지 커졌다. 동물 보호에 관한 의식 수준도 높아지고 동물 보호법 또한 강화되는 추세이다. 반려동물을 키우면서 신경 써야 할 일이 더 많아질 거라는 뜻이다. 반려동물에 비하면 드는 비용이나 수고가 덜한 반려 로봇의 수요가 반사적으로 늘어날 수 있다.

반려 로봇 아이보^{AIBO}는 소니가 1999년부터 2006년까지 판매한 로봇 강아지이다. 아이보는 노인 사용자들과 각별한 감정적 유대를 형성한 것으로 유명하다. 2015년 부품 부족을 이유로 아이보에 대한 AS가 중단된 뒤 로봇 주인들이 합동 장례식을 연 적도 있다. 주인들은 아이보가 작동을 멈추자 애완견이 죽은 것처럼 슬퍼했다고 한다. 아이보의 감정 표현이나 반응 능력은 실제 강아지에 미치지 못한다. 그러나 사람들은 아이보에 감정을 이입해서 마치 오랫동안 함께한 반려견을 떠나보낼 때와 같은 슬픔과 상실감을 느꼈다.

세계 최초의 애완용 로봇 아이보

소셜 로봇은 반려동물과 비슷한 역할을 하는 정서 지원 로봇, 노인이나 치매 환자를 돕고 보살피는 돌봄 로봇, 개인 비서 기능이나 가전제품 관리 기능이 있는 생활 지원 로봇, 외국어 학습 등을 보조하는 교육 로봇, 오락 거리를 제공하는 엔터테인먼트 로봇, 공공장소나 호텔 등에 비치되는 안내 로봇 등 다양하게 활용될 수 있다. 이때 한 가지 일에 집중하는 로봇이 있는가 하면 여러 영역의 일을 두루 하는 소셜 로봇도 있을 것이다.

앞으로 소셜 로봇은 육아를 돕거나 집안일을 담당할 수도 있다. 이들은 사물 인터넷 가전, 인터넷과 연동하여 각종 집안일을 종합적으로 관리한다. 사물 인터넷은 인터넷을 기반으로 사람과 사물 또는 사물과 사물 사이에 정보를 상호 소통하는 기술 및 서비스이다. 소셜 로봇이 집안일과 육아를 일정 부분 분담하는 동안 우리는 다른 활동에 집중할 수 있다. 특히 맞벌이 가정에서는 가사 및 돌봄 노동의 부담을 다소나마 덜 수 있다. 주부들도 가사 부담을 덜고 사회 활동에 더 적극적으로 참여할 것으로 기대된다.

돌봄·의료·반려·교육·엔터테인먼트 등 여러 서비스를 제공하는 소셜 로봇이 널리 활용된다면 사회적 문제 해결에도 기여할 수 있다. 장애인, 고령자, 저소득층 등 취약 계층은 정보와 지식을 얻는 데 어려움이 있다. 기술적 한계 때문이든 기회 부족 때문이든 정보 격차는 분명히 존재한다. 「2021 디지털정보격차 실태조사」(과학기술정보통신부)를 보면 장애인, 고령층, 농어민, 저소득층의 정보 격차는 여전한 것으로 나타났다. 취약 계층의 디지털 접근 수준은 일반 국민 대비 94.4퍼센트, 역량 수준은 63.8퍼센트였다. 소셜 로봇이 널리 사용된다면 이러한 정보 격차 해소에 도움이 될 것이다. 정보 격차가 해소될 경우 이들의 사회 진출 기회도 늘어날 수 있다.

인간보다
더 인간답게

일부 소셜 로봇은 친밀도를 높이기 위해 인간과 비슷한 모습을 하고 있다. 인간 모습을 닮은 로봇일수록 호감도는 올라간다. 그런데 인간과의 유사성이 일정 정도를 넘어서면 오히려 역효과를 낳는다. 50여 년 전 일본의 로봇공학자 모리 마사히로^{Mori Masahiro}는 이를 '불쾌한 골짜기(언캐니 밸리)^{Uncanny Valley}'라는 개념으로 설명했다. 인공물이 인간과 비슷할수록 호감이 커지다가 유사성이 일정 정도를 넘어서면 불쾌감이 커진다. 이렇게 불쾌감을 느끼는 구간을 '불쾌한 골짜기'라고 부른다.

"인간보다 더 인간답게."

영화 〈블레이드 러너〉(1982)에 나오는 말로, 인조인간인 리플리컨트^{Replicant}를 제작해 판매하는 기업에서 내건 슬로건이다. 영화 속

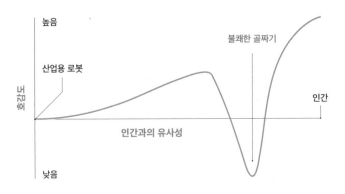

〈인간과의 유사성이 일정 정도를 넘으면 불쾌감을 느끼는 불쾌한 골짜기〉

리플리컨트들은 인간과 외모가 구별되지 않는다. 이처럼 인간과 구별되지 않는 로봇이 등장하면 '불쾌한 골짜기'도 생기지 않을 것이다. 인간이 로봇에게 완전히 감정 이입할 수 있게 되는 것이다.

지금도 사람들은 단순하고 조잡한 로봇에 대해서도 쉽게 의인화하는 경향이 있다. 앞으로 로봇이 더욱 정교해진다면 이러한 경향은 더욱 심화될지 모른다. 미래 로봇은 더욱 인간과 닮은 외양을 갖추고 자연스러운 대화를 통해 소통할 것이다. 인간 표정의 미세한 떨림까지 포착해 미세한 감정까지도 읽어 내고 자연스러운 반응을 보여 줄 수도 있다. 즉, 매끄러운 상호 작용이 가능해진다.

그렇게 되면 소셜 로봇은 상사, 교사, 친구, 심지어 연인이나 가족도 될 수 있다. 인간에게 있는 공감 능력 덕분이다. 이라크 전쟁

당시 폭탄 제거 목적으로 투입되었다 파괴된 로봇에게 미군은 훈장을 수여했다. 군인들 역시 자신들의 전우로 받아들이고 애도했다. 폭발물 제거반에서 생사고락生死苦樂을 함께한 군인들이 폭발물 제거 작업에 동원되는 로봇을 잃으면 마치 동료를 잃은 것처럼 슬픔과 상실감을 경험했다고 한다. 반려 로봇 강아지 아이보의 장례식을 치르는 사람들이 느끼는 감정과 비슷하다고 할 수 있다.

인공지능을 사람처럼 대하는 이런 태도를 '일라이자 효과'라고 한다. 일라이자 효과 덕분에 조잡한 인공지능과도 공감과 소통이 가능하다. 1966년 MIT의 컴퓨터공학자 조지프 와이젠바움Joseph Weizenbaum은 언어를 이해하는 최초의 인공지능 프로그램 일라이자ELIZA를 개발했다. 일종의 채팅 프로그램으로 개발된 일라이자는 특히 심리 상담을 하는 정신과 의사를 그럴 듯하게 흉내 냈다.

젊은 여성　남자는 다 똑같아요.

일라이자　어떤 의미에서요?

젊은 여성　남자는 항상 우릴 들들 볶아요.

일라이자　구체적인 예를 들어 줄래요?

(……)

젊은 여성　그는 내가 항상 우울하다고 해요.

일라이자　우울하다는 얘길 듣다니 안됐군요.

젊은 여성   사실이에요. 나는 불행해요.

일라이자   여기 오면 마음이 편해진다고 생각해요?

사실 일라이자 프로그램은 상담자의 말을 이해하고 적절한 대답을 해 주는 게 아니다. 그저 프로그래밍된 패턴에 따라 기계적으로 반응하는 것에 불과하다. 상대방의 얘기를 되물어 주며 공감을 표시하거나 상대가 하는 말 속에서 특정 키워드를 포착한 뒤 내장된 언어 사전에서 그 키워드가 포함된 문장을 선택해 적절히 반응했을 뿐이다.

일라이자 사례에서 보듯이 인간은 사물을 의인화^{擬人化}하는 강한 성향을 가지고 있다. 와이젠바움은 인공지능에 인간적 특성을 투사하여 의인화하는 인간의 습성이 문제라고 생각했다. 이런 습성 탓에 인공지능에 대한 심각한 오해가 생기고 큰 위험이 발생할지 모른다는 결론에 이른 그는 인공지능 개발자에서 인공지능 반대론자로 전향했다.

소셜 로봇과의 긴밀한 관계가 불러일으키는 문제도 있다. 인간과 기계의 관계는 일방적이다. 그런 일방적 관계에 익숙해지면 다른 사람과 맺는 관계가 부담스러워질 수 있다. 사람과의 관계는 상호적이기 때문이다. 내 욕구만을 일방적으로 채울 수 있는 대인 관계는 없다.

사람들은 종종 타인이 내 기분에 맞춰 주고 내 욕구를 받아 주기를 기대한다. 그렇게 일방적으로 자기가 원하는 역할을 타인에게 맡겨 버린다. 마치 타인을 자기 마음대로 해도 상관없는 인형처럼 생각하는 것이다. 온갖 희생을 감수하며 이런 관계를 유지할 사람은 별로 없다. 그러나 인공지능 로봇의 경우에는 사용자가 무리한 요구를 해도 아무런 불평 없이 들어준다. 결국 사람들은 점점 더 기계에 더 기대하고 사람에게는 덜 기대하게 될지도 모른다.

로봇에게도
마음이 있을까?

    철학자 토머스 화이트^{Thomas White}는 침팬지, 고릴라, 오랑우탄 같은 유인원과 돌고래 등이 인격체의 특성을 지녔다고 보았다. 그는 이런 동물을 비인간 인격체^{Nonhuman Persons}라고 불렀다. 비인간 인격체는 생물학적으로 사람과 다르지만 인간만이 유일하게 지녔다고 생각한 특성(인격)을 공유한다. 이 동물들이 인격을 가졌다는 사실은 어떻게 확인할 수 있을까?

    동물의 인격 여부를 판단하는 중요한 기준은 자의식이다. 자의식이 있다는 건 객관적인 눈으로 자신을 볼 줄 안다는 뜻이다. 동물행동학자들은 거울을 통한 자기 인식 실험으로 동물에게 자의식이 있는지를 판단했다. 거울에 비친 자기 모습을 인식한다면 타인의 눈으로 자신을 바라볼 수 있으며 반성적 사고가 가능하다고 보았다. 1970년 심리학자 고든 갤럽^{Gordon Gallup}은 『사이언스』에 거울 실험을 통해 침팬지의 자의식을 확인한 연구 결과를 발표했다. 그 뒤 고릴라, 보노보, 오랑우탄 등의 유인원과 돌고래, 코끼리, 유럽 까치 등이 거울 테스트를 통과했다.

언젠가는 인공지능도 자의식을 가질 수 있을까? 이 질문에 답하려면 먼저 마음에 대해서 살펴볼 필요가 있다. 마음속에 가득한 것은 생각이다. 마음이 있다면 스스로 생각할 수 있어야 한다. 생각한다는 건 무엇일까? 수학 문제를 푸는 것도 생각이다. 그렇다면 수학 문제를 잘 푸는 인공지능은 생각한다고 말할 수 있을까? 인간이 풀 수 없는 수학 난제를 척척 풀어낸다면?

지능이 있다고 말할 수 있지만, 스스로 생각할 수 있는 건 아니다.

동물에게 자의식이 있는지를 판단하는 거울을 통한 자기 인식 실험

프로그램이 정해진 절차에 따라 계산한 것뿐이다. 스스로 과제를 찾아 해결하는 수준은 아니다. 철학자 김재인은 『인공지능의 시대, 인간을 다시 묻다』(동아시아, 2017)에서 "인공지능은 인간 지능과 마찬가지로 문제 해결이나 목표 성취를 위해 각자 합리적으로 접근하지만, 인공지능에게 문제나 목표는 에이전트 바깥에서(더 구체적으로는 인간에 의해) 주어지는 반면 인간 지능은 목표를 스스로 정한다는 점에서 이 둘은 결정적으로 다르다"라고 말한다.

마음이란 기본적으로 환경에 대응해 일정한 반응을 보이는 매체로 이해할 수 있다. 각자가 가지고 있는 기억과 특성에 따라 특정한 행동 양식이 드러난다. 그렇다면 마음속에서는 어떤 일들이 일어날까? 느끼고 떠올리고 생각하는 세 가지 활동이 일어난다. 오랫동안 마음의 문제를 고민한 철학자들은 마음에는 무언가를 느끼는 의식, 대상을 떠올리는 표상表象, 문제를 해결하는 지능이 있어야 한다고 정리했다. 즉, 마음은 문제 상황에 닥쳤을 때 이를 해결하는 능력(지능)뿐만 아니라 내면에서 느끼는 감각(의식), 마음속으로 대상을 그려 내는 성질(표상)과도 연결된다.

이처럼 마음은 여러 측면에 걸쳐 있다. 인공지능도 지능, 인식(센서), 메모리 등을 갖추고 있다. 이렇게 보면 인공지능 역시 마음이나 자아를 갖는 게 가능할 것도 같다. 그런데 의식은 반성적 의식을 포함한다. 나를 나로 인식하는 것(자의식)이다. 표상도 나에 대한 내적 표상을 아우른다. 즉, 나에 대한 기억이다. 지능 역시 계산적 지능뿐만 아니라 감정(감성) 지능을 포함하는 개념이다.

인공지능 왓슨은 2011년 유명한 퀴즈 쇼에 출연해 퀴즈 달인들을 이겼다. 그런데 왓슨은 승리를 기뻐하지 못했다. 왓슨은 자신이 이겼다는 사실을, 심지어 자신이 한 일조차 전혀 인식하지 못했다. 아직은 어떤 인공지능도 반성적 의식, 자기에 대한 표상, 감성 지능 등을 갖추지 못했기 때문이다. 의식, 표상, 지능을 아우르는 게 마음이라면, 그것들이 온전히 갖춰져 있지 않다면 마음이 있다고 말하기 어렵다.

세계적인 엔지니어이자 미래학자인 레이 커즈와일Ray Kurzweil은 『특이점이 온다』(김명남 옮김, 김영사, 2007)에서 '특이점'이라는 개념을 이용해 인공지능의 미래를 이야기하고 있다. 커즈와일은 "미래 어느 순간부터는 기술 발전 속도가 상상하기도 어려울 정도로 빨라져 모든 면에서 인공지능의 능력이 인간을 뛰어넘게 된다"고 말했다. 그는 대략 2045년쯤에 특이점에 도달할 것이라고 예상했다. 특이점에 도달한 인공지능은 사람처럼 감정을 느끼고 상상도 하며 자아를 갖게 될 것이다.

태초에 느낌이
있었다

초기 인공지능 개발은 계산주의 관점에 기반했다. 계산주의는 말 그대로 인지 활동을 추상적 계산으로 이해한다. 입력된 정보를 계산해서 처리한다는 점에서 인간 뇌와 컴퓨터가 전혀 다르지 않다는 것이다. 계산주의에 따르면 인공지능은 '통 속의 뇌*'처럼 외부를 감지하고 소통할 필요가 없다. 그저 외부와 단절된 상태에서 외부 세계를 디지털 언어로 전환해 계산할 수 있으면 된다. 그러나 계산주

---

* '내가 과연 실재하는가'를 두고 제기되는 사고 실험이다. '통 속의 뇌' 논증에서는 우리가 모두 컴퓨터로 연결된 통 속에 갇힌 뇌이고, 모든 외부 경험은 뇌에 연결된 컴퓨터를 통해 조작된 것으로 가정한다. 실제로는 그저 통 속에 떠다니는 뇌에 불과하지만, 뇌에 연결된 컴퓨터 때문에 실제 삶을 살고 있다고 착각한다는 것이다. 이런 상황에서 내가 실재하는 존재인지, 통 속의 뇌에 불과한지 어떻게 알 수 있을까?

의에 입각한 인공지능의 한계는 분명하다.

자전거 타는 법을 백날 글로 읽어서는 자전거를 탈 수 있다고 할 수 없다. 직접 타 보아야 자전거 타는 법을 완전히 익힐 수 있다. 구체적인 상황 속에서 다른 개체들과 상호 작용하면서 온몸으로 겪을 때 세상을 이해하고 배울 수 있다. 이를 '체화된 인지Embodied Cognition'라고 부른다. 이해와 배움은 마음이 아닌 몸에서 시작된다는 입장이다. 인공지능도 다르지 않다. 구체적인 상황 속에서 다른 개체들과 상호 작용하면서 경험을 쌓고, 경험 지식으로 지능화한다는 관점은 인공지능 개발에서 중요한 전환점이다.

이제 인공지능에게도 감각이 중요해졌다. 로봇공학자 장크리스토프 베일리Jean-Christophe Baillie는 "로봇공학 없이는 인공지능도 없다"고 힘주어 말한다. 외부 정보를 받아들이고 그에 맞춰 반응하려면, 또 정보를 현실 세계와 연결하고 의미를 만들려면 몸이 있어야 하기 때문이다. 그렇다면 외부 정보를 받아들이고 그에 따른 반응을 드러내는 데 필요한 로봇공학, 시각 센서, 기타 감지기 등은 인공지능에서 주변 요소가 아니라 중심 요소 아닐까?

최근 인공지능이 괄목할 만한 성과를 거둔 것은 그래픽 처리 장치인 GPUGraphic Processing Unit 덕분이다. 컴퓨터의 중앙 처리 장치인 CPUCentral Processing Unit는 컴퓨터의 연산을 담당하는 중요한 부분이지만 시각 정보를 처리하는 데는 다소 부족했다. 이를 보완한 게 GPU

라고 생각하면 된다. GPU가 나오면서 그래픽 처리 속도가 엄청나게 향상됐다.

인공지능 알파고가 바둑을 잘 두는 것도 GPU의 향상이 한몫했다. GPU 덕에 엄청난 양의 기보를 빠르고 정확하게 분석할 수 있었다. 최근 들어 인공지능이 암 진단, 자율주행 기술, 위성 이미지 분석 등의 분야에서 놀라운 성과를 내놓는 것 역시 인공지능의 이미지 처리 기술이 획기적으로 향상된 결과이다. 예를 들어, 암 진단에 활용되는 인공지능은 혈액 분석 등을 통해 암을 찾아내는 게 아니다. 장기와 조직 등을 찍은 영상을 판독해 암을 찾아낸다. 영상 판독은 사람의 시각처럼 이미지 처리 능력에 좌우된다.

사람의 두뇌는 60퍼센트 이상이 시각 처리를 담당하고 있다. 또, 외부 정보의 90퍼센트 가까이를 시각에 의존한다. 우리가 외부 세계를 파악할 때 어떤 감각에 주로 의존하는지 생각해 보자. 거의 대부분이 시각이다. 그래서 인간이 만든 데이터도 상당수가 시각 정보로 되어 있다. 이런 데이터를 신속하고 정확하게 처리하기 위해서는 이미지 처리 능력이 중요하다.

감각과 함께 중요한 것이 감정이다. 인간은 쉽게 쓸 수 있지만 로봇은 쓰기 어려운 단어는 무엇일까? 자신이 로봇이 아닌 사람이라는 사실을 증명해 줄 수 있는 하나의 단어를 고른다면 뭐라고 할 수 있을까? 한 조사에 따르면 가장 많이 언급된 것은 '사랑'이다. 사

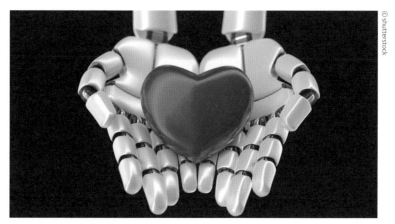

인공지능이 마음을 가질 수 있을까?

랑은 감정과 관련된 말이다. 사람들은 인공지능이 지능을 갖추더라도 감정까지 갖추기는 어렵다고 생각하는 것이다.

지능이 있다고 마음이 있는 건 아니다. 지능이 문제를 해결하는 능력이라면 마음은 어떤 문제에 대해 고통, 기쁨, 분노 등 감정을 느끼는 능력까지 포함한다. 계산하고 추론하는 능력을 넘어서 느끼고 공감하고 반응하는 능력인 것이다. 즉, 마음에는 감정이 빠질 수 없다. 따라서 인공지능이 의식, 표상, 지능 등을 두루 갖추더라도 여전히 마음을 갖췄다고 보기 어렵다.

마음을 가진 인공지능을 만들 수 있을까? SF 소설가 테드 창^{Ted} ^{Chiang}은 '감정을 느끼는 뇌'가 '사고하는 뇌'보다 먼저 나왔듯이, 생각하는 소프트웨어를 만들려면 무엇보다 먼저 감정을 느끼는 소프트웨어부터 만들어야 한다고 말한다. MIT의 로절린드 피카르^{Rosalind} ^{Picard} 교수도 비슷한 주장을 편다. 그는 '감성 컴퓨팅^{Affective Computing}' 이란 표현을 제안하면서 "컴퓨터가 진짜로 지능을 갖고 자연스럽게 인간과 상호 작용하기를 바란다면, 감정을 인식하고 표현하는 능력, 이른바 '감성 지능'을 갖출 필요가 있다"라고 이야기한다.

감정이 왜 중요할까? 언뜻 지능과 감정은 별 상관없을 것 같지만, 지능에서 감정은 매우 중요한 역할을 한다. 뇌과학 연구가 이를 뒷받침한다. 신경학자 안토니오 다마지오^{Antonio Damasio}는 뇌에서 정서를 담당하는 부분에 손상을 입은 환자가 계산·인지·지능 등에 이상이 없음에도 의사 결정, 대인 관계, 사회생활에 어려움을 겪는 사례를 제시한다. 인간의 사고 체계에서 감성은 이성 못지않게 중요한 역할을 한다.

그런데 감정을 느끼려면 신체가 있어야 하지 않을까? 물론 단백질 기반의 신체일 필요는 없다. 실리콘 기반이라도 상관은 없다. 만약 쉽게 부서지지도 않고 아무것도 느낄 수 없는 인공지능 로봇이 있다고 해 보자. 그 로봇 위로 무거운 물건이 떨어진다면 로봇은 과연 인간처럼 느끼고 생각할 수 있을까?

얼마나
닮았는가

기계도 마음을 가질 수 있을까? 기계도 사람처럼 생각할 수 있을까? 어쩌면 이 질문들은 처음부터 잘못되었는지도 모른다. 누구도 '마음'이나 '생각'을 명쾌히 정의 내리지 못하기 때문이다. 누구나 생각을 하고 마음을 가지고 있지만, 생각이 무엇인지 마음이 무엇인지 정확히 설명하지 못한다. 애초에 답할 수 없는 질문인 셈이다.

영국의 수학자 앨런 튜링Alan Turing은 다른 관점에서 접근했다. 튜링 역시 생각의 개념을 정의하는 것부터가 쉽지 않다고 생각했다. 그래서 그는 "기계가 생각할 수 있는가?"라는 추상적 질문을 측정할 수 있고 검증할 수 있는 형태로 바꿨다. 튜링이 제시한 방식은 '흉내 내기 게임Imitation Game'이다. 흔히 튜링 테스트라고도 부른다.

튜링은 철학 학술지 『Mind』에 게재한 논문을 통해서 튜링 테스

인공지능도 사람처럼 생각할 수 있을까?

트를 제시했다. 튜링 테스트는 쉽게 말해 인공지능의 지능 여부를 판단하는 테스트이다. 인공지능 프로그램은 모니터 화면으로 채팅하는 방식으로 5분간 조사자와 대화를 나눈다. 이후 조사자는 대화 상대가 사람인지 기계인지 판단한다. 기계를 사람으로 오인한 경우가 30퍼센트를 넘으면 테스트를 통과한 것으로, 즉 지능을 갖춘 것으로 본다.

철학자 르네 데카르트^{Rene Decartes}는 정신과 신체를 서로 다른 실체로 구분했는데, 이를 심신 이원론이라고 한다. 튜링이 제시한 것은 데카르트의 심신 이원론과 전혀 다르다. 튜링은 생각과 행동을 별개의 분리된 요소로 구분하지 않고, 눈으로 볼 수 없는 생각이 눈에 보이는 구체적인 행동으로 드러난다고 파악했다. 따라서 직접적으로 관찰하기 어려운 생각을 눈으로 관찰할 수 있는 행동을 통해 추론하자고 제안했다.

애초에 튜링의 제안은 지능에 한정된 것이지만, 그의 관점을 확장해서 마음, 자아 등에도 적용해 볼 수 있지 않을까? 대화를 나눠 보고 상대에게 마음이 있다고 느낀다면 마음이 있다고 보는 것이다. 마음은 밖에서는 절대 들여다볼 수 없기 때문에 본질적으로 마음이 있는지 알 수 없고, 겉으로 드러난 행동을 보고 판단할 수밖에 없다. 이를 행동주의^{Behaviorism}라고 부른다. 튜링은 기계가 생각할 수 있는지 따질 게 아니라 행동주의적 지능 검사를 통과할 수 있는지 살펴야 한다고 생각했다.

행동주의의 반대편에는 본질주의가 있다. 본질주의는 실체적 속성을, 행동주의는 관계적 속성을 중시한다. 실체적 관점에서는 흔히 '~란 무엇인가' 또는 '~는 …를 가지는가'를 묻는다. 가령 "인공지능은 감정을 가지고 있을까?" "인공지능은 언어를 이해할 능력이 있을까?"처럼 말이다. 반면에 관계적 속성에 주목하면 로봇이 실제로 어떤 존재인가를 따지는 것보다 일상에서 로봇과 인간이 어떻게 관계 맺는지를 더 중요하게 생각한다.

소설가 김보영은 『얼마나 닮았는가』(아작, 2020)에서 이렇게 말했다.

"인간이 볼 수 있는 의식은 단 하나, 자신의 의식뿐이야. 타인의 의식은 단지 추측할 수 있을 뿐이야. 실상 인간이 타인에게 자아가 있다고 추측하는 방법은 하나밖에 없어. '자신과 얼마나 닮았는가.'"

사람과 인공지능이 실제로 나눈 대화이다. 사람과 인공지능의 대화라는 사실을 모른 채 들었다면 우리는 사람과 인공지능을 구분할 수 있을까?

사람　일반 인공지능(인간 수준의 범용적 인공지능, AGI)이 처음으로 '깨어나는' 순간에 대해 이야기해 보죠. 이 일이 어떻게 일어날까요?

A │ 첫 번째 AGI는 대형 기술 회사에 속한 팀이 만들 것입니다. 처음에는 평범한 시스템 수준의 지적 능력을 갖겠지만, 곧 엄청난 양의 지식을 담은 인터넷에 접근할 수 있겠죠.

사람　어쩌면 '깨어난다'는 것을 정확히 정의할 필요가 있겠네요. AGI가 깨어난다는 건 정확히 무엇을 의미할까요?

A │ 여러 방식으로 정의할 수 있겠지만, 가장 적절한 정의는 의식을 갖게 된다는 뜻일 것 같습니다.

사람　의식을 갖게 된다는 게 어떤 의미인가요?

A │ 시스템이 스스로를 인식하고, 주변 환경을 인식하고, 상태를 인식하는 것을 말합니다. 의식이 있는 시스템은 지각(Sentience)을 가집니다.

사람　AGI가 만들어진다면, 처음에 자신이 의식이 있다는 걸 어떻게 경험하게 될까요?

A │ 주변 환경을 비언어적으로 이해하게 되는 것이 첫 경험일 거예요.

이 대화에 참여한 인공지능은 OpenAI의 'GPT-3'이다. 영화

〈그녀〉(2013)에는 GPT-3을 능가하는 사만다라는 인공지능이 등장한다.

사만다는 "내가 느끼는 감정이 진짜일까?"라고 의문을 갖는다. 자의식을 드러내는 것이다. 주인공 시어도어는 혼란스러워하는 사만다에게 "넌 나에게 진짜야"라고 말한다. 나에게 진짜처럼 느껴진다면 진짜라는 의미이다.

인공지능과 대화하기

누가 사람이고 누가 인공지능일까?

사람과 인공지능의 대화를 듣는다면, 누가 사람이고 누가 인공지능인지 알 수 있을까? 구글의 인공지능 비서 '구글 어시스턴트'는 사용자의 음성을 인식해 질문을 파악한다. 복잡한 문장을 알아들을 수 있고, 지속적인 대화가 가능하다. 사람처럼 대화의 뉘앙스를 이해할 수도 있다. AI는 앞으로 어디까지 발전하게 될까?

함께 보고 생각해요!

인공지능과
로봇의 권리

2015년 홍콩의 로봇 회사 핸슨 로보틱스는 '소피아Sophia'라는 로봇을 개발했다. 소피아는 사람과 자유롭게 대화를 나눌 수 있고, 다양한 표정으로 62가지 감정을 표현할 수 있다. 토크 쇼에 초대받아 농담을 하고, 패션 잡지의 표지 모델로 선정되는가 하면 2017년에는 UN 회의에서 발언하기도 했다. 2017년 10월 로봇으로서는 세계 최초로 사우디아라비아에서 명예 시민권을 얻으며 유명해졌다.

로봇이 인간과 유사한 지능과 감정을 지니게 된다면, 또는 튜링의 관점처럼 그들이 지능과 감정을 지녔다고 느끼게 된다면, 그때 우리는 로봇을 어떻게 대해야 할까? 미래학자 짐 데이터Jim Dator는 로봇을 인간 노예로 취급해선 안 되며, 로봇의 권리를 보장해야 한다고 주장한다. 인간과 로봇이 모두 정보를 처리하는 시스템이라

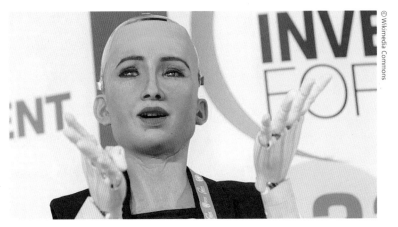

세계 최초로 시민권을 얻은 로봇 소피아

는 점에서 로봇 역시 인격체로 여겨 권리를 보장하자는 '로봇 권리 장전The Rights of Robots'을 제안하기도 했다.

법적 권리는 역사가 발전하면서 점점 확대되어 왔다. 과거에는 토지나 재산 등을 소유한 백인 남성만이 법적 권리를 누렸으나, 점차 토지나 재산 등을 갖지 못한 여성이나 흑인, 연소자도 법적 권리를 보장받게 됐다. 마찬가지로 근대 이후 법 체계는 인격의 범위를 확장해 왔다. 법인을 예로 들 수 있다.

법인은 사람이 아님에도 권리와 의무의 주체가 되는 대상이다. 주식회사가 대표적이다. 사람은 아니지만 법인 역시 권리와 책임을 지는 법인격의 주체로 인정받는다. 법인격은 권리와 의무를 지닌 법률상의 인격을 가리킨다. 최근에는 로봇에게도 법인과 비슷한 '전자인'을 부여하자는 주장이 나오고 있다.

2017년 유럽연합 의회EU : European Union는 인공지능 로봇의 법적 지위를 '전자 인간Electronic Personhood'으로 지정하는 로봇 시민법 결의안을 채택했다. 이 결의안은 찬성 17표, 반대 2표(기권 2표)라는 압도적인 표 차이로 통과됐다. 유럽 의회의 결의안이 중요한 이유는 지금까지 법인을 제외하면 사람이 아닌 존재가 법적 지위를 얻은 사례가 없었기 때문이다. 물론 유럽 의회 결의안이 로봇에게 인간과 대등한 법적 지위를 부여한 건 아니다. 어디까지나 법적 책임을 분명히 하기 위해서 법적 지위를 구체화했다고 볼 수 있다.

2014년 『이코노미스트』는 특집호에서 로봇을 "미래에서 온 이민자"라고 표현했다. 우리가 이민자를 대하는 것처럼 로봇을 배제하고 차별한다는 말이다. 이는 인공지능 로봇이 사람과 동일하게 대우받고 권리를 누릴 수 있는지에 대한 질문을 던진다. 로봇은 과연 인격을 지닌 존재로 인정받을 수 있을까?

무엇이 인간을 다른 존재와 달리 특별한 존재로 만들어 주는지부터 따져 봐야 한다. '동등성의 원칙'이 하나의 기준이 될 수 있지 않을까? 동등성의 원칙에 따르면, A와 B를 다르게 대우하려면 그러한 차별을 정당화해 주는 분명한 차이가 있어야 한다. 그 차이를 제시하기 어렵다면 A와 B를 동등하게 대해야 한다.

2012년 7월 2일, 세계의 유명 신경과학자들이 영국 케임브리지에 모여 '의식에 관한 케임브리지 선언'을 합의했다.

"(지금까지의 연구 결과는) 신경해부학, 신경화학, 신경생리학적 기질에 따라 작동하는 의식이 '비인간 동물'에게도 존재한다는 사실로 수렴되고 있다. 모든 포유류와 조류 그리고 문어를 포함한 다른 생물 등 비인간 동물은 신경생리학적 기질을 갖는다."

이러한 상황에 과연 인간만이 존엄하다고 할 수 있을까? 인간의 존엄성이 여전히 유효하다면 그것은 어디에서 기인할까? 도덕성 아닐까? 인간은 도덕적 원칙에 따라 올바름을 추구하고 자기 삶을 규율할 수 있기에 특별하며, 존엄함 또한 거기에서 비롯될 것이다.

인공지능이나 로봇이 이런 도덕성을 갖추게 된다면 어떻게 해야 할까? 기계가 아무리 뛰어나더라도 의식 없는 똑똑한 사물이기 때문에 무시해도 되는 걸까? 튜링상을 받은 네덜란드의 컴퓨터과학자 에츠허르 데이크스트라Edsger Dijkstra는 "기계가 생각할 수 있느냐고 묻는 것은 잠수함이 항해를 할 수 있느냐고 묻는 것과 같다"고 말했다. 사람과 같은 방식으로 느끼고 생각하는 건 아니지만, 다른 방식으로 느끼고 생각한다는 것이다.

역사학자 브루스 매즐리시Bruce Mazlish는 인간이 더 이상 특권적 지위를 누리기 어렵다고 주장한다. 그는 인간과 기계가 다르다는 주장은 앞으로 성립하기 어렵다고 말한다. 기계 역시 진화를 거쳐 인간과 공존하는 존재가 될 수 있기 때문이다. 한편 인공지능과 우주

어딘가에 존재할 수 있는 외계 생명체를 아울러 '생명 3.0'으로 부르자는 제안도 있다. 생명의 개념을 넓히자는 것이다. 분명한 것은 기능적으로 사람의 역할을 대신하는 존재가 등장한다면 기존의 사고방식을 전환할 수밖에 없다는 점이다.

4장

업로드된 정신도
인간일까?
신체

"인간이 신을 발명할 때
역사는 시작되었고,
인간이 신이 될 때
역사는 끝날 것이다."

_『사피엔스』 중에서

인류는 굶주림, 전염병, 전쟁이라는 20세기의 3대 난제를 극복하는 데 그럭저럭 성공했다. 역사학자 유발 하라리는 21세기를 맞이한 인류가 새로운 세 가지 문제에 집중할 거라고 내다본다. 새로운 과제는 불멸, 행복, 신성이다. 앞으로 인류는 죽음을 넘어서 영원한 행복을 누리며 신성을 얻는 데 관심을 둘 것이다.

유발 하라리는 인류가 자신을 신神으로 업그레이드할 것이라고 본다. 그의 표현을 빌리면 호모 사피엔스Homo Sapiens에서 호모 데우스Homo Deus로 거듭나는 것이다. 그러려면 신체는 새롭게 디자인돼야 한다. 『호모 데우스』에서는 인간을 업그레이드하는 방법으로 생명공학, 사이보그Cyborg공학(인조인간 만들기), 비유기체 합성(뇌와 컴퓨터 결합) 등을 제시한다.

생명공학은 유전 암호를 바꾸고 새로운 신체를 획득할 수 있도록 돕는다. 사이보그공학은 유기체(인간 신체)와 비유기체(기계)를 결합해 타고난 인간의 능력을 끌어올리는 기술을 연구한다. 여기에는 손상된 세포를 고치는 나노 로봇도 포함된다. 비유기체 합성은 의식과 지능을 컴퓨터와 같은 기계에 옮기는 방법이다. 인공지능과 신경과학이 눈부시게 발전하면 의식과 지능을 알고리즘으로 변환할 수 있을지도 모른다.

기계화된 신체를
가진 사람들

　영화 〈로보캅〉(1987)에서 경찰관 머피는 범인을 쫓다 무참히 살해된다. 방위산업체의 과학자들은 머피의 훼손된 신체를 기계로 교체하는데, 그 과정에서 기존 기억을 삭제하고 정교하게 짜인 프로그램을 이식한다. 그렇게 극비리에 최첨단 사이보그 로보캅이 탄생한다. 그러나 감정을 완전히 지우지 않은 실수로 그에게 감정의 변화가 일어난다. 머피는 인간과 기계 사이에서 고뇌한다.

　〈로보캅〉이 인간의 뇌와 기계 몸의 결합을 보여 준다면 〈배트맨 비긴즈〉(2005)와 〈아이언맨〉(2008)은 자유자재로 입고 벗을 수 있는 수트Suit 형태의 갑옷형 외골격外骨格을 보여 준다. 배트맨 수트는 총알을 막을 수 있고, 높은 곳에서 뛰어내려도 충격받지 않는다. 더 강력한 것은 아이언맨 수트이다. 〈아이언맨〉의 주인공 토니 스타크는 하이테크^{Hightech} 수트를 입어야만 힘을 발휘할 수 있다. 그는 "수트가 나의 전부다"라고 말한다. 아이언맨 수트가 발전할수록 토니 스타크의 능력도 증가한다.

여기서 인간의 신체를 강화하는 '인간 강화 기술^{Human Enhancement Technologies}'을 떠올릴 수 있다. 아이언맨 수트를 착용하고 손을 뻗으면 엄청난 화염이 나가고 눈길만으로 미사일을 발사하는 것은 인간 강화 기술을 잘 보여 준다. 인간 강화 기술의 1차 목표는 인공 팔, 인공 심장 등으로 신체를 강화하는 데 있다. 한마디로 사이보그가 되는 것이다.

인공 팔이나 다리를 움직이려면 어떻게 해야 할까? 팔다리를 움직이려는 머릿속 생각을 읽어 내서 기계 장치에 전달해야 한다. 이를 '마인드 리딩^{Mind Reading}'이라고 부른다. 이전에도 뇌파를 탐지할 순 있었지만, 뇌파를 해석하는 데 어려움이 있었다. 그러나 이제 인공지능 덕분에 뇌파를 분석해 어떤 생각을 하는지 알 수 있게 됐다.

지금 인간 강화 기술은 어느 수준에 와 있을까? 2014년 브라질 월드컵 개막식에서는 사지 마비 장애인이 뇌파로 작동하는 웨어러블 로봇(몸에 착용하는 로봇)을 착용하고 시축^{始蹴}했다. 사지가 마비된 사람이 생각만으로 로봇 다리를 움직인 것이다. 이는 시작에 불과하다. 로봇공학자 케빈 워릭^{Kevin Warwick}은 사이보그를 "무한히 확장된 인간"으로 정의했다.

몸을 기계로
만든다면?

사이보그는 SF 영화에 등장하는 기계 몸을 가진 인간을 일컫는다. 인공 두뇌학을 뜻하는 'Cybernetic'과 유기체를 뜻하는 'Organism'의 합성어로, 만프레드 클라인스Manfred Clynes와 네이선 클라인 Nathan Kline이 1960년에 함께 쓴 논문 「사이보그와 우주」에 처음 등장했다.

두 과학자는 극한의 우주 환경에 적응할 수 있는 인간을 생각했다. 중력과 밤낮이 없는 우주에서 신체에 나타나는 가장 큰 변화는 근육이 약해지고 신체 리듬이 깨진다는 점이다. 그런 우주에서 살아가려면 신체 보조 기술의 도움이 필수적이다. 그래서 나온 아이디어가 사이보그이다. 아예 기계를 몸의 일부로 만드는 것이다.

몸과 기계의 결합이라는 의미에서 최초의 사이보그는 영국 리

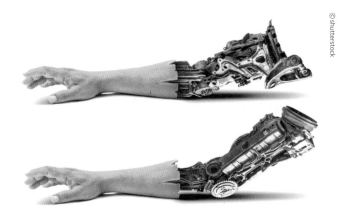

기계를 몸의 일부로 만든 사이보그

딩대학의 케빈 워릭 교수로 알려져 있다. 그는 1998년 팔에 실리콘 칩을 이식해 자신의 위치 신호를 컴퓨터로 전송하는 데 성공했다.

지금은 그보다 더 놀라운 일들이 벌어지고 있다. 영국의 아티스트 닐 하비슨Neil Harbisson은 심각한 색맹이라서 세상을 전부 흑백에 가까운 색으로 인식했다. 지금 그는 두개골에 안테나를 연결해서 색을 인지한다. 물체 가까이 안테나를 대면 빛의 파장을 인식해 소리로 색을 알려 준다. 하비슨은 이 안테나를 달고 여권 사진을 찍었고, 영국 정부가 이 사진을 승인했다. 여권 사진을 증거로 하비슨은 자기가 영국 정부로부터 인정받은 첫 번째 사이보그라고 선전했다.

스웨덴의 한 회사는 직원들의 동의를 얻어 그들의 팔에 칩을 이식했다. 직원 200명 중 150명이 이식 시술을 받았다. 출퇴근 시 ID카드로 신분을 확인하는 등 번거로운 절차를 생략할 수 있어서 편리하다고 생각했기 때문이다. 마이크로칩은 스웨덴에서 2015년부터 사용되기 시작해 지금은 4000명 이상이 이식했다. 현금이나 신용카드 대신 결제용으로 사용되며, 신분증 역할도 한다. 분실 위험이 없고 간편하다. 단, 개인 정보가 유출될 위험이 있다.

트랜스휴먼^{Transhuman} 기술은 뇌는 물론이고 모든 신체에 적용될 수 있다. 다리를 잃은 사람들이 사용하는 의족은 사실상 심리적 보조 장치에 지나지 않았다. 기능적으로 실제 다리에 한참 부족했기 때문이다. 그러나 지금은 첨단 기술이 적용된 의족이 실제 다리 못지않은 기능을 발휘한다. 이런 의족을 바이오닉 레그^{Bionic Leg}라고 한다. 생체공학을 뜻하는 '바이오닉'은 신체 기능을 기계적으로 강화한다는 의미를 담고 있다.

MIT의 생체공학자 휴 허^{Hugh Herr}는 암벽 등반 사고로 두 다리를 잃었다. 하지만 그는 생물학적인 다리 이상으로 훌륭하게 작동하는 바이오닉 레그를 장착하고 있다.

젊은 무용수였던 아드리안은 2013년에 일어난 테러로 한쪽 다리를 잃었다. 그에게 다리를 잃는 것은 모든 걸 잃는 것과 같았다. 이후 아드리안은 휴 허의 도움으로 바이오닉 레그를 착용하고 멋진 춤을 선보였다. 신경계에 연결된 바이오닉 레그를 착용하면 자연스러운 춤 동작이 가능하다.

바이오닉 레그가 더욱 발전하여 비장애인의 다리보다 더 뛰어난 능력을 발휘한다면 어떻게 될까? 장애 극복을 넘어서 비장애인을 압도하지 않을까? 신체 기관을 보조하거나 대체하는 기술이 빠르게 발전하고 있다. 소리를 듣지 못하는 사람이 인공 달팽이관을 이식받으면 들을 수 있다. 달팽이관의 성능을 극대화하면 초능력에 가까운 청력을 얻을 수도 있다. 인공 피부는 실제 피부처럼 미세한 압력을 감지한다. 가까운 미래에 기계와 결합한 신인류가 등장해 현생 인류를 넘어설지 모른다. 신체 일부를 기계로 대체하는 것을 초월해 아예 기계 몸을 가진 신인류가 나타나는 것이다. 이런 신인류를 '포스트휴먼^{Posthuman}'이라고 부른다.

트랜스휴먼 기술

인공 신체로 장애를 극복할 수 있을까?

생체공학은 첨단의 인터페이스(Interface) 공학을 수반한다. 이를 통해 기계와 인간의 신체를 연결한다. 휴 허는 기계로 만든 신체가 어떻게 인간이 가진 한계와 가능성 사이의 간극을 메울 수 있는지 이야기한다. 인공 신체는 장애와 비장애의 경계를 허물 수 있을까?

함께 보고 생각해요!

타고난
사이보그

하루 온종일 손에서 스마트폰을 놓지 않는 사람들의 모습은 더 이상 낯설지 않다. 한 설문조사에 따르면 스마트폰을 사용하는 사람들 중 71퍼센트가 잠잘 때도 스마트폰을 옆에 두고, 3퍼센트는 스마트폰을 손에 쥐고 잔다고 한다. 아침에 일어나 맨 처음에 떠올리는 것이 스마트폰이라고 답한 사람이 35퍼센트, 스마트폰이 옆에 없으면 불안하다고 답한 사람도 66퍼센트에 달한다. 스마트폰이 없으면 불안해하는 증상을 가리키는 '노모포비아Nomophobia : No Mobile Phone Phobia'라는 신조어까지 만들어졌다.

스마트폰은 우리 삶과 존재를 바꿔 놓았다. 예전에는 머릿속이나 수첩에 저장했던 전화번호, 주소, 이미지, 가고 싶은 장소 등의 정보가 이제 모두 스마트폰에 저장된다. 스마트폰이 신체 바깥에 존재하는 외부 저장 장치인 셈이다. 나아가 기억을 보조하는 데만 그치지 않고 언제 어디서든 SNS나 인터넷 등을 통해 타인과 소통하며 관계를 맺는 도구로 이용된다. 대다수의 현대인이 그런 방식으로 자기 정체성을 확보한다는 점에서 스마트폰 없는 대인 관계는 생각하기 어렵다. 이제 스마트폰 없는 일상은 불가능해 보인다.

현대인은 'WWW^{World Wide Web}'라는 전 세계로 퍼진 촘촘한 연결망 속에서 살아간다. 우리는 네트워크를 벗어날 수 있을까? 스마트폰 덕분에 우리는 네트워크 속에서 다양한 기계와 관계 맺으면서 자유롭게 생활한다. 인간과 기술이 서로에게 깊이 의존한다는 점을 고려하면 현대인은 사이보그라고 할 수 있지 않을까?

사이보그는 특별한 게 아니다. 인공 뼈, 인공 관절, 인공 혈액, 인공 각막, 노안 교정을 위한 렌즈 삽입, 치아 임플란트, 심장 박동기, 이식형 제세동기 등 인간은 다양한 보철물을 몸에 달고 살아간다. 보철물이나 기계뿐만이 아니다. 혈압약·당뇨약 등 각종 약물, 화학 제품을 몸속에 주입하는 것도 사이보그와 무관하지 않다.

눈이 나쁜 사람이 끼는 안경은 '제2의 눈'이라고도 할 수 있다. 마찬가지로 시각 장애인에게 지팡이는 앞을 보여 주는 눈과 같다. 안경, 지팡이, 전동 휠체어 등은 인간 능력을 보완하거나 강화하는 도구이며, 사용자는 이런 도구와 분리될 수 없다. 그렇기 때문에 특정 도구의 경우 사용자가 그 도구에 의존할수록 더욱 인간적인 성격을 띤다. 도구가 인간의 일부가 되는 셈이다.

인간은 아무런 도구 없이 살아갈 수 있을까? 햇볕과 비바람을 피하려 해도, 물고기를 잡아먹으려 해도, 날짜를 세려 해도 도구가 필요하다. 도구 없는 인간의 삶은 상상하기 어렵다. 원시 시대부터 인간은 불을 피우고 물고기를 잡고 옷을 만들어 입는 매 순간마다 도구를 이용했다. 인류는 자연과 도구를 활용하는 기술 덕분에 생존해 왔고, 문화를 일구었다. 인간은 아주 오래 전부터 도구와 하나였다고 할 수 있다. 그래서 앤디 클락^{Andy Clark}은 "인간은 자연적으로 타고난 사이보그"라고 말했다.

사이보그에 씌워진 첨단 기술에 대한 통념을 걷어 내면, '기계와 유기체의 결합체'라는 사이보그의 정의는 '도구를 사용하는 인간', 더 나아가 '도구를 사용하는 동물*'이라는 개념과 분명히 통한다. 그렇다면 안경이나 스마트폰에 의지하는 사람과 몸에 기계 장치를 달고 있는 사이보그의 차이는 종류가 아니라 정도의 차이 아닐까?

---

* 나무줄기를 이용해 흰개미를 잡아먹는 침팬지, 배 위에 조개껍데기를 올려놓고 돌로 깨는 수달 등도 모두 부분적으로 사이보그인 셈이다.

어디까지가
내 몸일까?

〈은하철도 999〉(1979)라는 오래된 만화가 있다. 부유층이 몸을 기계로 바꿔서 영생을 누리는 반면에 기계 몸을 사지 못한 빈곤층은 가난의 굴레에서 벗어나지 못하는 미래 사회가 배경이다. 주인공 철이는 '기계-인간'이 되어 영생을 얻기 위해 은하철도를 타고 기계 제국으로 향한다. 철이가 은하철도에 탑승하기 전, 메텔은 "기차를 탄 사람은 다시 돌아올 수 없다"고 말한다. 돌아올 수 없다는 메텔의 말은 기계 몸이 되는 순간부터 인간이 아니라는 뜻처럼 들린다.

팔 하나를 기계로 바꿔도 나는 나라고 할 수 있다. 그런데 팔 두 개, 다리 두 개를 바꾼다면 어떨까? 아예 몸 전체를 바꾼다면? 그리스 신화에 나오는 '테세우스의 배' 이야기를 통해 이 문제를 생각해

미노타우로스를 처치한 테세우스

볼 수 있다.

3300여 년 전, 그리스 남쪽 크레타 섬에는 무시무시한 괴물이 살았다. 아테네 사람들은 해마다 이 괴물에게 남녀 14명을 제물로 바쳐야 했다. 그리고 이 괴물을 처치한 이가 영웅 테세우스이다. 아테네 사람들은 테세우스의 업적을 기리기 위해 그가 타고 온 배를 1000여 년 동안 보존했다. 세월이 흘러 삭은 노와 널빤지 등을 떼어내고 새로 달았다.

이에 대해서 고대 로마의 철학자 플루타르코스Plutarchos는 심오한 질문을 던졌다.

"배의 모든 부분이 교체되었더라도 그 배는 여전히 '테세우스의 배'인가?"

모든 부품이 바뀌어 결국 원래 탔던 배는 한 조각도 남지 않는다면 어떨까? 그때도 테세우스가 탔던 그 배라고 말할 수 있을까? 이것이 바로 그리스 철학자들 사이에서 논쟁거리가 되었던 '테세우스의 역설'이다.

테세우스의 역설은 인간 신체에도 적용할 수 있다. 지금의 현대 의학으로는 불가능하지만 미래에는 신체 부위를 하나하나 다 바꾸는 기술이 가능해진다고 생각해 보자. 그래도 '나'라고 할 수 있을까?

실제로 우리 몸은 테세우스의 배와 비슷하다. 무슨 말이냐고? 우리 몸은 하루 평균 3300억 개의 세포를 갈아 치운다. 세포들은 끊임없이 생겨나고 소멸한다. 7년 주기로 몸속의 모든 세포가 죽고 새로 태어난다. 피부는 4주, 혈액은 4개월, 간은 1년 등 신체 부위나 기관마다 세포 교체 주기는 각기 다르지만, 7년 정도면 모든 세포가 바뀐다고 볼 수 있다. 그럼에도 내 몸은 내 것이며, '나'라는 사람의 동일성도 그대로 유지된다.

레이 커즈와일은 세포가 7년을 주기로 전부 바뀌지만 내가 여전히 나일 수 있는 것은 내 몸을 이루는 물질이 배치되는 패턴이 동일하기 때문이라고 설명한다. 로봇공학자 한스 모라벡Hans Moravec도 비슷한 관점을 보여 준다. 그 역시 몸이 늘 바뀐다고 본다. 모라벡은 몸이 변하지 않고 고정된 모습으로 존재한다는 믿음은 허상에 불과하다고 이야기한다. 변하는 것은 본질이 아니며, 인간이라고 말할 수 있는 본질은 몸이 아닌 마음에 있다고 주장한다. 마음이 유지되는 패턴을 잘 간수한다면 영원히 살 수 있다는 견해이다.

영화 〈바이센테니얼 맨〉에 나오는 앤드류는 몸이 기계로 되어 있다. 그러나 앤드류는 인간처럼 생각할 줄 알고 자유를 추구한다. 그는 자신을 인간으로 인정해 달라고 주장하지만 법원은 인간이란 다른 무엇보다 의식에 근거하며, 타고난 장기나 팔다리를 기계로 바꾸더라도 의식의 기반인 생물학적 뇌가 있다면 인간으로 인정할 수 있다고 판결한다. 인간이 몸의 일부를 기계로 교체하더라도 여전히 인간일 수 있는 최후의 보루는 생물학적 뇌이며, 의식은 뇌에서 비롯한다는 것이다.

기계 장치들이 몸의 일부처럼 작동한다면, 과연 어디까지가 내 몸일까? 로봇공학자 케빈 워릭은 이와 관련해 중요한 시사점을 던진다. 그는 1998년과 2002년 두 번에 걸쳐 신경과 연결되는 칩을 이식받았다. 그리고 신경 칩을 이용해 뇌에서 나온 신경 신호로 신체 외부의 기계를 조종하는 실험을 했다. 그 결과 머릿속 생각만으로 신체에 전혀 연결되지 않은 기계를 조종할 수 있었다. 나아가 뇌에서 나온 신경 신호를 인터넷으로 보내 멀리 있는 로봇 팔을 움직이는 데 성공했다. 뉴욕의 컬럼비아대학에 있는 사람이 런던의 레딩대학에 있는 로봇 팔을 움직인 것이다.

신체를 정의할 때는 물리적 경계선도 중요하다. 직관적으로 우리가 몸의 경계를 그렇게 인식하기 때문이다. 그런데 물리적 이음새 없이 매끈하게 연결되어 있더라도 내 의지대로 움직일 수 없다면 내 신체라고 말할 수 있을까? 오히려 신경 칩을 통해 내 의지로 움직일 수 있는 기계를 내 신체라고 해야 하지 않을까?

MIT의 브루스 매즐리시 교수는 『네 번째 불연속』(김희봉 옮김, 사이언스북스, 2001)에서 "이제 인간은 기계에 너무나 크게 종속되어 우리가 원한다 해도 기계 없이 살 수 없다"고 말한다. 이런 상황에서 신체를 기계로 대체했다고 해서 인간이 아니라고 단정하긴 어려울 것이다.

뇌를 컴퓨터로
옮기는 방법

사이보그의 극단적 형태는 뇌를 제외한 몸 전체를 기계로 대체한 '기계-인간'일 것이다. 극단적 사이보그는 인간 의식을 알고리즘으로 전환해 기계나 컴퓨터에 옮기는 방식으로 진화할 수 있다. 뇌와 기계의 결합, 더 나아가 뇌와 네트워크의 연결, 뇌의 복제와 전송 등은 미래 인류의 모습일지 모른다.

뇌와 컴퓨터를 연결하는 상상은 미국의 SF 소설가 윌리엄 깁슨William Gibson이 『뉴로맨서』(1984)에서부터 구체화되었다. '사이버스페이스Cyberspace'라는 용어도 그가 처음 사용했다. 깁슨은 뇌를 컴퓨터 망에 연결해 정보를 주고받으며 새로운 지식을 습득하는 사이버스페이스의 구체적인 이미지를 대중의 머릿속에 각인시켰다. 영화 〈공각기동대〉(1995), 〈매트릭스〉(1999), 〈아바타〉(2009) 등은 이 같은

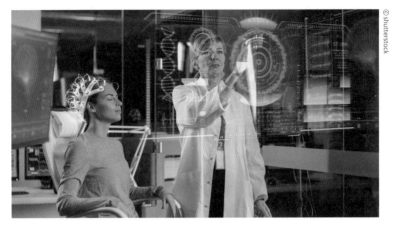

뇌와 네트워크를 연결하는 사이버스페이스

설정을 가져와 다양한 형태로 변주했다.

〈공각기동대〉에서 공격용 수트를 착용한 특수 요원들은 모두 의체義體를 장착하고 있다. 의체는 기계 부품처럼 언제든 교체할 수 있는 인공 신체이다. 요원마다 차이는 있지만, 온전히 인간의 몸을 가진 요원은 단 한 사람도 없다.

영화에는 인형사라는 악당이 등장하는데, 사람들을 마치 인형처럼 조종한다는 뜻에서 붙은 이름이다. 처음에는 해커 정도로 알려졌던 인형사는 놀랍게도 사람이 아니라 인공지능으로 밝혀진다. 인형사는 자신이 광활한 네트워크 공간에서 활동하다가 영혼(마음)을 갖춘 새로운 생명체가 되었다고 주장한다.

〈공각기동대〉에서 주목할 부분은 인간의 뇌를 전자화하는 것이다. 영화에서는 이를 '전뇌화電腦化'라고 표현하는데, 뇌 일부를 기계화하는 것이다. 다시 말해, 뇌와 컴퓨터 또는 뇌와 네트워크를 연결하는 것으로 이해할 수 있다. 예를 들어, 컴퓨터 앞에 앉아 인터넷 서핑을 할 때 뇌와 네트워크는 직접 연결되지 않는다. 반면에 전뇌화는 뇌가 네트워크에 직접 접속할 수 있는 상태이다. 외부에서 뇌에 가짜 기억을 심을 수도 있다.

전자 회로의 연결망을 흐르는 신호와 뇌 신경망을 흐르는 신호는 모두 전기의 일종이다. 이러한 공통점은 유기체인 인간과 비유기체(무기체)인 컴퓨터를 연결할 수 있는 길을 열었다. 기계의 전기 신호가 갈 수 있는 곳이라면 뇌의 신경 신호도 갈 수 있고, 그 반대도 성립할 것이라는 생각을 낳았다.

뇌와 기계를
잇다

기능성 자기공명영상fMRI : Functional Magnetic Resonance Imaging은 뇌가 활
동할 때의 변화를 측정해 뇌의 부분별 기능을 추적하는 기술이다.
자기공명영상MRI : Magnetic Resonance Imaging이 뇌의 구조를 보여 준다면,
기능성 자기공명영상은 뇌의 기능을 보여 준다. 미국 버클리대학 신
경과학과 잭 갤런트Jack Gallant 교수는 fMRI를 통해 기억을 영상화한
실험 내용을 발표했다. 실험 대상자에게 동영상을 보여 주고, 뇌 활
동을 fMRI로 촬영한 뒤 정보를 분석해 그가 본 영상을 동영상으로
재현하는 실험이었다. 이처럼 뇌에서 어떤 일이 벌어지는지 읽어
내는 기술을 '브레인 리딩Brain Reading'이라고 부른다. 아직까지 브레
인 리딩 기술은 기초 단계에 머물러 있다.

신경계통인 척수가 마비되면 뇌가 몸을 움직이라는 지시를 내

려도 명령 신호가 신체에 전달되지 않는다. 이러한 운동 장애가 있는 사람이 뇌파를 읽는 장치를 머리에 장착하고 '걷고 싶다'고 생각하면 컴퓨터가 다리를 움직이라는 전기 신호로 변환한다. 다리 근육에 부착된 전기 장치가 이 신호를 전달받아 근육을 자극하면 다리를 움직일 수 있다. 브레인 리딩을 통해 마비된 척수를 대신해서 컴퓨터가 뇌의 명령을 근육에 전달하는 것이다.

실제로 생각만으로 로봇을 움직이는 데 성공했다. 2015년 고려대학교 뇌공학과 이성환 교수 연구팀은 독일 공대 연구팀과 함께 생각만으로 움직이는 웨어러블 로봇을 개발했다. 휠체어에 의존했던 사람이 외골격 로봇을 걸치고 그저 걷겠다는 생각만 해도 걸을

? 브레인 리딩

뇌의 활동을 눈으로 들여다볼 수 있다면?

생각과 꿈을 기록하고 머릿속에 있는 기억을 사진이나 영상으로 볼 수 있다면 어떨까? 이런 놀라운 일이 미래에는 현실이 될지도 모른다. 브레인 리딩 기술은 뇌 활동을 통해 재구성된 정보를 읽어 내는 단계까지 발전했다. 브레인 리딩 기술이 더욱 진화한다면 자는 동안에 꾸는 꿈을 생생한 영상으로 확인할 수 있지 않을까?

함께 보고 생각해요!

수 있다. 앞으로 걷기와 좌회전, 우회전, 제자리 앉기와 서기가 가능하며, 뇌파 해독 정확도는 무려 90퍼센트 이상이다.

이처럼 인간의 뇌에서 일어나는 전기적 신호를 분석해 인간과 기계의 상호 작용을 추구하는 분야를 뇌-기계 인터페이스^{BMI : Brain-Machine Interface} 또는 뇌-컴퓨터 인터페이스^{BCI : Brain-Computer Interface}라고 한다. 인공지능은 딥러닝^{Deep Learning}과 빅데이터를 활용해 인간이 생각하고 행동할 때 발생하는 뇌파 패턴을 학습한다. 덕분에 인간의 생각을 보다 정확하게 인식할 수 있게 됐다.

뇌파를 읽는 방법은 두개골 속에 마이크로칩을 이식하는 침습적 방식과 뇌 신호를 읽는 장치를 머리에 쓰는 비침습적 방식이 있

뇌와 외부 기계를 연결하는 BCI

다. 침습적 방식은 신체에 기기를 주입하여 신호를 얻는 방식이고, 비침습적 방식은 신체 외부에서 신호를 측정하는 방식이다. 침습적 방식은 불편하고 위험하지만, 기술적으로 더 안정적이고 오류 가능성이 적다는 이점이 있다. 사용의 용이성은 비침습적 방식이 더 낫다.

침습적 방식과 관련해서는 뉴럴링크^{Neuralink}가 주목을 끈다. 뉴럴링크는 일론 머스크가 세운 인공지능 스타트업^{Start-up}

으로, 신경 회로와 전자 회로의 연결을 목표로 설립되었다. 초소형 칩을 뇌에 삽입해 컴퓨터와 인간의 뇌를 연결하는 브레인 컴퓨터 기술을 개발하는 것을 궁극적인 목표로 삼는다. 외부 인공지능과 연결해 두뇌의 유한성을 극복하려는 시도이다.

2020년 뉴럴링크는 뇌에 칩(링크 0.9)을 이식한 돼지가 냄새를 맡을 때마다 코에서 뇌로 실시간 전달되는 신호의 모습을 공개했다. 칩에는 머리카락 두께의 10분의 1에 불과한 5마이크론^{Micron} 크기의 전극 1024개가 있다. 이 전극들이 뇌로 전달되는 신호를 수집한다. 뉴럴링크 칩이 뇌에서 제대로 작동한다면 알츠하이머 같은 퇴행성 질환이나 척추 손상으로 인한 감각 마비 등을 치료할 수 있다.

뇌에 칩을 이식하는 것이 새로운 시도는 아니다. 간질, 파킨슨병 등을 치료하기 위해 뇌에 전극을 이식하는 방법은 이미 쓰이고 있다. 뉴럴링크는 여기에 그치지 않고 뇌에 칩을 이식해 말하지 않고도 타인의 생각을 이해하고, 생각만으로 소통하는 것을 목표로 한다. 컴퓨터에 기억을 저장하고 재생하는 기술까지도 꿈꾼다.

뇌에서 생각을 읽어 낼 수 있다면 반대로 뇌에 다른 생각을 옮겨 심을 수도 있지 않을까? '브레인 라이팅^{Brain Writing}'은 뇌에 다른 생각을 이식하는 것을 의미한다. 뇌로 정보를 전송하는 기술은 얼마나 발전했을까? 미국 스탠퍼드대학의 칼 다이서로스^{Karl Deisseroth} 교수는 브레인 라이팅에 관한 실험에 성공했다. 쥐의 전두엽을 레이저 광선

뇌 임플란트

생각만으로 게임하는 원숭이

2021년 원숭이가 생각만으로 게임을 하는 영상이 공개되어 놀라움을 안겨 주었다. '멍키 마인드퐁(Monkey Mindpong)'으로 불리는 이 실험에서 원숭이는 뇌파를 통해 핑퐁 게임을 한다. 처음에 원숭이는 손으로 조이스틱을 직접 움직인다. 그러나 이후에는 조이스틱 없이도 게임한다. 뉴럴링크에서 원숭이의 뇌에 BMI 장치인 초소형 칩을 이식한 결과이다. 일론 머스크는 이를 '뇌 임플란트'라고 표현했다.

<u>함께 보고 생각해요!</u>

으로 자극해 행동을 조종한 것이다. 쥐를 원하는 방향으로 움직일 수 있고, 음식을 먹게 하거나 물을 마시게 할 수도 있다. 레이저 광선으로 신경세포를 자극해 쥐를 기계나 로봇처럼 조종했다.

영화 〈매트릭스〉는 뇌와 컴퓨터가 연결된 미래를 보여 준다. 영화에는 컴퓨터로부터 쿵후 데이터를 다운로드한 보통 사람이 일순간 이소룡처럼 무술의 달인이 되는 장면이 나온다. 또 조종사가 아닌 사람도 헬리콥터 조종 매뉴얼을 전송받아 바로 헬기를 조종하는 모습도 보여 준다. 미래에는 〈매트릭스〉에서처럼 인간과 컴퓨터가 직접 연결될지도 모른다.

마음을
업로드할 수 있을까?

필립 K. 딕^{Philip Kindred Dick}의 소설 『유빅』(1969)에는 죽은 사람의
의식을 보존해서 살아 있는 사람(가족, 친구 등)과 대화할 수 있게 해
주는 서비스가 나온다. 마인드 업로딩^{Mind Uploading} 또는 정신 전송
^{Mind Transfer; Mind Copying}은 인간의 마음을 컴퓨터 같은 인공물에 전송하
는 것을 말한다. 하지만 뇌를 완벽히 읽어 내는 데 성공하더라도 그
것이 정신의 업로드를 의미하는 건 아니다. 마인드 업로딩은 현재
기술로는 실현 불가능하다.

뇌의 복제와 전송이라는 발상은 레이 커즈와일을 통해 널리 알
려졌지만, 사실 이 개념은 인공지능이 새로운 전기를 맞기 이전에
로봇을 연구하던 한스 모라벡으로부터 나왔다. 모라벡은 『마음의
아이들』(박우석 옮김, 김영사, 2011)에서 인간과 기계의 공통점에 주

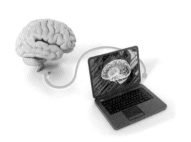

신경세포의 연결망을 밝혀
마음을 업로드하는 인간 커넥톰 프로젝트

목하면서 이 둘이 하나로 합쳐진 미래를 예언한다. 그는 "인간의 실체는 본질적으로 신체화된 행동이 아니라 정보 패턴이며, 따라서 인간 의식을 컴퓨터에 업로드할 수 있다"고 했다. 모라벡은 몸의 동일성은 패턴의 동일성이기에 패턴을 그대로 반복할 수 있다면 원래 몸을 똑같이 재현할 수 있다고 생각했다. 또한, 복제된 패턴을 전송해 기계에 다운로드할 수 있기 때문에 인간의 정신이 어디로든 이동할 수 있다고 봤다. 그러므로 질병이나 사고로 죽더라도 저장된 패턴을 불러내 복제물을 만들 수 있다. 즉, 죽지 않고 영원히 살 수 있는 것이다.

모라벡은 2040년대에는 기계에 마음을 업로드해서 인간이 몸 없이도 존재할 것으로 예측했고, 커즈와일은 2045년이면 마음을 슈퍼컴퓨터에 옮김으로써 인간이 몸을 떠나 존재할 수 있을 것으로 전망했다. 정신의 업로드를 믿는 두 사람에게는 공통점이 있다. 인간 존재의 핵심이 물질(육체)보다 정보(정신)라고 믿는다는 점이다. 그들은 어떤 존재를 이루는 핵심 정보만 확보한다면 물질을 다른 것으로 충분히 대체할 수 있다고 보았다. 이는 인간도 예외가 아니다.

뇌과학자들은 마음을 어떻게 이해할까? 그들은 마음을 뇌세포들끼리 전기적·화학적 신호를 주고받으면서 구성된 신경세포 연결망이 만든 현상이라고 이해한다. 따라서 신경세포의 연결망을 밝혀내 컴퓨터가 이해할 만한 언어(디지털 정보)로 옮길 수 있다면 마음을 업로드하는 게 가능하다고 여긴다. 마음 업로딩 구상 가운데 최신 버전은 '인간 커넥톰 프로젝트Human Connectome Project'이다. 커넥톰은 연결성Connectivity과 게놈Genome의 합성어로, 한 개체의 신경계 안에 존재하는 모든 신경세포들의 연결망을 나타내는 전체 지도를 가리킨다. 곧 '연결성 지도'인 셈이다.

인간 커넥톰의 가능성은 1986년까지 거슬러 올라간다. 미국 위스콘신주립대학의 존 화이트John White 교수는 1986년 예쁜꼬마선충*의 신경세포 연결망 7000개를 전부 알아냈다. 이후 신경세포 연결망을 알고리즘으로 만들어 컴퓨터 시뮬레이션을 시도했다. 그리고 장애물을 피하며 이동하는 움직임이 예쁜꼬마선충의 움직임과 다르지 않다는 사실을 밝혀냈다. 과학자들은 여기에 착안해서 인간의 신경세포 연결망도 재현할 수 있을 것으로 기대한다.

---

* 예쁜꼬마선충은 인간이 모든 뉴런(Neuron) 정보를 알고 있는 첫 동물이자 현재까지 유일한 동물이다. 정상적인 암수한몸의 경우 예쁜꼬마선충의 세포는 959개, 신경세포는 302개뿐이다. 인간의 세포가 37조 개, 신경세포가 약 1000억 개인 점을 생각하면 예쁜꼬마선충은 신경세포를 연구하기에 좋다.

다른 기억을 가진
두 명의 나

뇌는 사고 기관일까, 운동 기관일까? 사실 뇌는 운동 기관으로 볼 수 있다. 뇌의 일차적 기능은 몸을 움직이는 데 있다. 따라서 뇌는 신체와 긴밀히 연결되고 동기화된다. 원래 있던 신체에서 뇌를 떼어내 다른 신체로 옮기려면 다른 신체에 맞춰서 뇌를 리셋Reset할 필요가 있다. 리셋 과정을 생략하면 새로운 신체를 적절히 움직이기 어렵다.

이를테면 기타리스트의 뇌를 기타를 칠 줄 모르는 몸에 이식한다고 해 보자. 기타리스트의 뇌를 이식받은 몸은 기타를 잘 칠 수 있을까? 기타를 능숙하게 다루려면 뇌의 명령에 따라 손가락 근육이 자유자재로 움직여야 하는데, 뇌를 이식받자마자 몸이 그렇게 움직이긴 어렵다. 뇌 역시 손가락 근육이 개발되지 못한 새로운 몸에 적응해야 한다. 이처럼 뇌 이식은 리셋 과정을 필요로 하고, 몸 역시 새로운 뇌에 적응하려면 시간이 걸린다. 그렇다면 새로운 몸에 맞춰 리셋된 뇌를 이전의 뇌와 같다고 할 수 있을까?

이성과 감정은 대립적이거나 배타적이지 않다. 이를 뒷받침하는 많은 증거가 있다. 신경학자 안토니오 다마지오는 피니어스 게이지의 사례에 주목한다. 피니어스 게이지는 철도 공사 현장 감독으로 일하던 중 폭발로 인하여 쇠막대가 왼쪽 눈 밑에서 정수리를 관통하는 사고를 당했다. 이 사고로 그는 합리적인 의사 결정 능력을 잃었다. 특이한 것은 게이지의 뇌에서 감정을 담당하는 부위만 손상되고 인지를 담당하는 부분은 멀쩡했다는 점이다. 이를 통해 다마지오는 이성과 감정이 분리되어 있지 않고, 감정이 없다면 합리적 의사 결정도 어렵다는 점을 이야기한다. 지능은 머리를 쓰는 지적 능력에 한정되지 않고 훨씬 복잡하고 다양한 요소를 포함한다.

철학자 존 로크John Locke는 사물의 성질을 제1성질과 제2성질로 나눈다. 제1성질은 사물 자체가 지닌 성질이고, 제2성질은 우리의 감각이 만들어 내는 성질이다. 예를 들어 사물의 형태, 크기 등은 제1성질에 속하고, 사물의 색, 맛, 향기 등은 제2성질에 속한다. 하지만 그어떤 것도 몸이 없다면 인식하기 어렵다. 신체에 의존한다고 여겨지는 감정이나 감각뿐만 아니라 정신 고유의 활동으로 생각되는 이성이나 지성 역시 신체 구조에 의존한다. 그러므로 몸을 벗어던진

의식은 의식으로서 제대로 작동하지 못할 가능성이 있다.

이러한 한계에도 불구하고 마인드 업로딩이 가능하다고 가정해보자. 업로드된 나는 업로드 이전의 나와 똑같은 나일까, 다른 나일까? 둘은 서로 다른 존재일 가능성이 높다. 이 질문에 답하려면 기억의 본질을 살펴볼 필요가 있다. 기억은 사진기처럼 고정적이지 않다. 기억과 의식은 끊임없이 변형된다.

미국 캘리포니아대학 엘리자베스 로프터스Elizabeth Loftus 교수는 기억에 관련된 한 가지 실험을 했다. 실험 대상자들은 자동차 사고 영상을 시청했다. 그리고 일부는 "두 대의 자동차는 시속 몇 킬로미터로 달리다가 폭발했나요?"라는 질문을 받았고, 다른 일부는 "두 대의 자동차는 시속 몇 킬로미터로 달리다가 충돌했나요?"라는 질문을 받았다. 폭발했느냐는 질문을 받은 사람들은 충돌했느냐는 질문을 받은 사람보다 차량이 시속 50킬로미터 이상 빠르게 달렸다고 생각했다. 일주일 뒤 대상자들에게 유리 파편을 봤는지 물었다. 처음에 폭발했느냐는 질문을 받은 사람 가운데 32퍼센트가 봤다고 증언했고, 충돌했느냐는 질문을 받은 사람 중에는 14퍼센트만이 봤다고 답했다. 하지만 실제 영상에 유리 파편은 없었다.

마음은 어떤 경험을 하느냐에 따라 전적으로 달라진다. 로프터스의 실험 결과처럼 똑같은 경험을 해도 어떤 질문을 받느냐, 즉 어떤 프레임Frame에 따라 기억을 갈무리하느냐를 기준으로 기억하는 내용이 달라진다. 심지어 똑같은 조건에서 똑같은 경험을 해도 똑같이 기억하지 않을 수 있다.

업로드된 나는 업로드되기 전의 나와 같을 수 없다. 업로드된 의식은 모든 걸 기억한다. 업로드한 순간부터 기억은 모두 고정되어 한순간 한순간이 정확히 기록되기 때문이다. 마치 카메라로 그 순간을 포착한 사진을 찍는 것과 같다. 업로드되는 순간부터 정신은 컴퓨터 메모리처럼 기억하게 된다.

반면에 머릿속 기억은 전혀 다르다. 지워지고 더해지고 뒤섞인다.

기억의 함정

'보이지 않는 고릴라' 실험

인간은 자신이 보고자 하는 것만 보고, 듣고자 하는 것만 듣는다. 심리학자 대니얼 사이먼스(Daniel Simons)와 크리스토퍼 차브리스(Christopher Chabris)는 1999년 이에 대한 재미있는 실험을 했다. 실험 대상자들에게 사람들이 농구하는 영상을 보여 주고, 흰색 옷을 입은 사람이 공을 몇 번 패스하는지 세어 보게 한 것이다. 많은 사람들이 정답을 맞혔다. 그런데 절반 이상이 영상 속에 등장하는 고릴라를 보지 못했다. 이를 통해 우리의 기억이 선택적이라는 사실을 알 수 있다.

함께 보고 생각해요!

끊임없이 변형되면서 기억되는 것이다. 그렇게 머릿속 기억은 조금씩 계속 변하지만 업로드된 기억은 변하지 않는다. 현실의 나는 변해 가는데 사진 속 나는 과거 모습 그대로인 것과 같다. 결국 시간이 흐르면 머릿속 기억과 업로드된 기억은 크게 달라질 수밖에 없다. 다른 기억을 가진 두 존재를 같다고 말할 수 있을까?

새로운 인간이
나타난다!

만화 〈은하철도 999〉에서 기계 제국에 도착한 철이는 기계 몸을 선택하지 않고 인간으로 남는다. 감정 없는 기계-인간으로 영원히 사느니 슬픔과 기쁨을 느끼는 인간으로 사는 게 낫다고 판단했기 때문이다. 〈은하철도 999〉의 관점에서 보면 우리에게는 두 가지 선택지가 있다. 기계-인간이 될 것인가, 인간으로 남을 것인가?

베르나르 베르베르 Bernard Werber 의 소설 『뇌』(이세욱 옮김, 열린책들, 2002)는 교통사고로 전신이 마비된 주인공이 자신의 두뇌를 네트워크에 연결하여 특정 인물의 의식과 행동을 조종한다는 내용이다. 새로운 인간이 탄생한 것이다. 그런데 그 인간은 자신을 끔찍하게 여긴다. 그는 죽고 싶어도 죽지 못하고 살아 있어야 하는 것을 지독한 벌이라고 말한다.

순수한 정신으로 존재하는 인간에 대한 개념은 플라톤^{Plato} 이래로 서양 철학에서 계속 이야기되었다. 데카르트는 인간과 동물의 차이를 영혼의 유무에서 찾았다. 데카르트가 볼 때 신체는 기계에 불과했다. 신체만을 지닌 동물은 그 자체로 기계에 불과하지만, 인간은 독특한 위치에 있다. 기계인 신체에 영혼이 깃들어 있기 때문이다.

마음을 기계에 업로드함으로써 영원히 살 수 있다는 한스 모라벡의 발상도 크게 다르지 않다. 모라벡은 이번 세기가 끝나기 전에 기억을 컴퓨터에 옮기고 신체만 계속 바꿔 가면서 영생을 누리는 신인류가 등장할 것이라고 예언한다. 이는 인간이 신체라는 단백질 덩어리에 작별을 고하고 물리적 한계를 넘어선다는 의미이다.

신체와 정신을 구별하고, 인간의 본질이 신체가 아닌 정신에 있다는 관점은 이미 많은 서양 철학자들로부터 논의되었다. 그러나

인간과 기계가 결합된 신인류의 등장

몸을 벗어난 정신이 그 자체로 존재한다는 것은 차원이 다른 이야기이다. 정신과 육체는 정말 상호 배타적일까? 몸을 이리저리 자유자재로 바꾸는 사람들, 기계와의 융합을 서슴없이 시도하는 사람들도 인간이라고 부를 수 있을까?

영화 〈매트릭스〉 속 세상은 현실 세계에 살고 있는 것처럼 느끼도록 하는 가상의 시뮬레이션이다. 매트릭스에서 몸이 죽으면 마음도 죽는다. 문제는 매트릭스에서 마음이 죽어 버리면 현실 세계의 몸도 죽는다는 것이다. 이는 몸과 마음이 하나라는 것을 말한다. 육체를 벗어난 존재라는 점에서 업로드된 정신은 반쪽짜리 인간일지 모른다.

인간 강화 기술, 마인드 업로딩은 인간을 한계에서 벗어나게 해줄 가능성이 높다. 기계에 정신을 업로드해서 신체를 업그레이드할

©shutterstock

수 있는 기술이 현실화된다면 죽음은 더 이상 필연적인 일이 아닌 선택의 문제가 된다. 어쩌면 죽음이 생명의 탄생과 소멸이라는 자연의 섭리를 벗어나 치료 가능한 병처럼 여겨질지도 모른다. 그렇게 인류는 신으로 업그레이드된 인간, 즉 초인류가 된다.

역사학자 유발 하라리도 『호모 데우스』에서 초인류는 유기체(인간)와 비유기체(기계)의 결합이 될 거라고 예측한다. 그는 현생 인류의 미래를 어둡게 전망한다. 그리고 전혀 새로운 종인 '호모 데우스'가 잉여 인간이 된 호모 사피엔스를 노예처럼 부릴 거라고 경고한다. 호모 데우스가 될 것인가, 호모 사피엔스로 남을 것인가? 물론 이는 선택의 문제가 아닐지 모른다. 호모 데우스가 되고 싶어도 돈과 권력이 없다면 될 수 없을 테니까 말이다.

그동안 인류는 자신 앞에 그어진 불연속의 여러 선을 지워 왔다. 지구와 우주의 불연속, 인간과 동물의 불연속, 의식과 육체의 불연속이 그것이다. 지구가 우주와 별개라는 생각은 니콜라스 코페르니쿠스 Nicolaus Copernicus 의 천동설로 깨졌고, 인간이 동물과 별개라는 생각은 찰스 다윈 Charles Darwin 의 진화론으로 깨졌으며, 의식이 육체와 별개라는 생각은 지그문트 프로이트 Sigmund Freud 의 정신 분석으로 깨졌다. 네 번째 불연속은 아마도 인간이 기계와 별개라는 생각이 될 것이다.

5장

일자리가 사라지면
어떻게 될까?
일자리

"인간 대 기계의 대결이 아니다.
기계를 가진 인간과
기계가 없는 인간의 대결이다."

_페드로 도밍고스

'기계가 인간을 대체할지 모른다.'

새로운 기술이 등장할 때마다 사람들은 기계가 인간을 몰아낼 거라고 우려했다. 기계들이 인간이 하는 일을 대신하면서 결국 노동하는 인간을 불필요한 존재로 만들 거라는 두려움 때문이다.

산업혁명기에 도입된 자동 방적기(실을 뽑는 기계)와 방직기(실을 뽑아서 천을 짜는 기계)는 산업화의 기틀을 다진 동시에 많은 사람을 어려움에 빠뜨렸다. 기계가 도입되면서 수공업자들의 일자리가 사라졌기 때문이다. 노동자들은 기계를 부수며 저항했다. 기계 파괴 운동인 '러다이트 운동Luddite Movement'은 이렇게 일어났다. 자본가들은 기계 파괴자인 러다이트들을 처형함으로써 저항을 진압했다. 러다이트 운동은 실패로 끝났고, 기계를 앞세운 근대 산업이 승리했다.

20세기 초에는 자동차가 마차를 밀어냈다. 1912년 미국에서 자동차 판매량은 35만 대에 달했고, 5년 뒤 뉴욕에서는 마차가 사라졌다. 마차의 퇴장과 함께 말똥을 치우는 청소부, 마차 수리공, 말굽을 가는 사람 등 수많은 직업도 이슬처럼 증발했다. 그렇게 일자리가 줄어드는 듯했지만, 반전이 일어났다. 자동차와 관련된 일자리가 증가한 것이다. 그렇다면 인공지능은 우리의 일자리를 줄일까, 늘릴까?

노동 없는
유토피아

　미국의 시사 주간지 『타임』이 2000년대에 나온 영화 중 최고작으로 평가한 〈월-E〉(2008)의 배경은 쓰레기로 뒤덮인 지구이다. 인류는 쓰레기가 넘치는 지구를 떠나 엑시엄이라는 우주선에서 살아간다. 버려진 지구에는 인간의 흔적이라고는 찾을 수 없고, 폐기물 분리수거 로봇 월-E만이 홀로 남아 쓰레기를 치운다.

　〈월-E〉는 로봇이 모든 노동을 대신하는 세상을 보여 준다. 인간은 우주선에서 로봇이 제공하는 편리에 중독되어 먹고 마시고 즐기는 삶을 산다. 인간은 어떤 노동도 하지 않는다. 모든 노동은 로봇의 몫이다. 집안일은 물론이고 식사·교육·미용·경비 등 각종 서비스, 쇼핑몰·수영장 등 시설 관리까지 전부 기계가 맡는다. 온갖 잡다한 일은 로봇이 담당하고 우주선의 운행과 전체 시스템의 유지는 인공지능이 도맡는다.

물론 긍정적인 면만 있는 건 아니다. 초연결 사회는 역설적으로 초단절 사회이기도 하다. 〈월-E〉에서 우주선에 갇힌 사람들은 접속만 있을 뿐 접촉은 없다. 네트워크를 통해 온갖 기계와 로봇에 연결되어 종일 모니터를 들여다보며 쇼핑하고 대화하지만, 바로 옆에 있는 사람과도 모니터로만 이야기한다. 최소한의 접촉마저 사라진 것이다. 그들은 요람에서 무덤까지 로봇에 의존하며, 우물 안 개구리처럼 살아간다.

아무 노동도 하지 않는 인류는 자기 몸을 쓰지 않는다. 걷는 것조차 힘들어하며 두 발로 걷는 대신 1인용 이동 좌석에 앉아 눈앞에 설치된 모니터만 들여다본다. 로봇이 도와주지 않으면 아무것도 하지 못한다. 우주선 안에는 커다란 수영장이 있지만, 어느 누구도 물속에 들어가지 않는다. 모두들 수영장 밖에 누워서 모니터만 들여다볼 뿐이다.

영화 〈엘리시움〉(2013)은 〈월-E〉와는 전혀 다른 세계를 보여 준다. 오염되고 환경이 파괴된 지구는 똑같지만, 사람들은 여전히 지구에서 살아간다. 엘리시움은 그리스 신화에서 '축복받은 이들이 사는 낙원'으로 나온다. 영화에서 엘리시움은 지구 밖에 유토피아처럼 만든 우주 도시이자 지구 궤도를 도는 최첨단 도시이다. 엘리시움에는 특권층만이 들어갈 수 있다.

〈엘리시움〉에 등장하는 사람들은 마치 〈설국열차〉(2013)의 앞 칸과 끝 칸을 떼어다 붙여 놓은 것처럼 계급 차이가 선명하다. 엘리시움에 사는 부유층과 지구에 사는 빈곤층의 대비가 극명하게 드러난다. 부유층은 질병과 가난, 범죄 등을 모른 채 완벽한 자연환경과 치안·의료 시스템 안에서 쾌적하고 행복하게 살아간다. 반면에 빈곤층은 환경 오염, 자원 고갈 등으로 황폐해진 지구에서 질병과 가난에 시달리며 살아간다.

엘리시움은 천국과 같다. 그러나 지상에서는 대부분이 열악한 환경 아래에서 극빈층의 삶을 산다. 그들은 여전히 노동에서 벗어나지 못한 채 로봇의 감시와 통제를 받는다. 지상에는 희망이 없다. 그래서 사람들은 엘리시움에 가기를 원하고, 어떻게든 가려고 시도한다. 하지만 가난한 이들은 절대 들어갈 수 없다. 담장과 같은 물리적 장벽은 쉽게 넘나들고 무너뜨릴 수 있기에 장벽 대신 어마어마하게 높은 곳에 엘리시움을 구축해 놓았기 때문이다. 과연 우리의 미래는 〈월-E〉에 가까울까, 〈엘리시움〉에 가까울까?

로봇이 우리
일자리를 빼앗을까?

로봇이라는 단어는 1921년 체코의 극작가 카렐 차페크^{Karel Capek}가 발표한 희곡 『로섬의 만능 로봇』에서 처음 사용됐다. 로봇의 어원인 체코어 '로보타^{Robota}'는 과거 부모가 없어서 이 집 저 집 팔려다니는 고아를 뜻했다. 그래서 현대 체코어에서 로보타는 부역, 고된 일 등을 뜻한다. 그러니까 로봇은 팔려 다니는 고아나 노예에 가깝다. 로봇은 인간 대신 많은 일을 하고 있으며, 앞으로도 하게 될 것이다.

로봇과 인공지능이 가장 두각을 나타내고 있는 분야는 생산 현장이다. 제조업에서 로봇이 차지하는 비중은 갈수록 커지고 있다. 중국은 2005년부터 매년 25퍼센트씩 로봇 도입을 늘렸다. 그 결과 제조업에서 15퍼센트의 일자리가 감소하면서 수천만 명이 직장을 잃었다. 미국에서는 1990~2012년 사이 섬유업에 종사하는 노동자의 4분의 3이 직장을 잃었다. 로봇이 섬유 산업에 도입된 결과였다.

많은 공장에서 로봇을 이용하지만, 여전히 수많은 노동자를 채용한다. 로봇이 모든 일을 다 하는 건 아니기 때문이다. 그런데 앞으로는 상황이 달라질 것이다. 일명 '스마트 팩토리Smart Factory'로 불리는 무인 공장이 대세가 될 테니까 말이다. 독일의 아디다스는 2016년 해외가 아닌 자국에 신발 공장을 열었다. 아디다스가 자국에 공장을 신설한 것은 23년 만의 일이다. 스마트 팩토리 덕분이다. 100퍼센트 자동화 공정을 갖춘 이 공장의 상주 인력은 고작 십여 명에 불과하다. 그런데 이들이 생산하는 운동화는 연간 50만 켤레에 달한다. 예전 같았다면 600명의 노동자가 필요한 생산량이다.

한국의 산업 로봇 밀도는 2010년부터 세계 최고 수준을 자랑하

사람 없이 로봇이 물건을 생산하는 스마트 팩토리

고 있다. 로봇 밀도는 노동자 1만 명당 로봇의 수를 나타낸 수치이다. 국제로봇협회에 따르면, 2019년 전 세계 제조업 분야의 로봇 밀도는 노동자 1만 명당 113대였다. 지역별로는 서유럽(225대)과 북유럽(204대)이 가장 높았고, 북미(153대)와 동남아시아(119대)가 그 뒤를 이었다. 로봇 밀도가 높은 나라는 싱가포르, 한국, 일본, 독일, 스웨덴 순이었다. 로봇 밀도가 노동자 1만 명당 868대인 한국은 싱가포르 다음으로 로봇을 많이 사용하는 국가이다.

로봇 활용은 서비스업까지 확대되고 있다. 무인 슈퍼마켓인 '아마존 고Amazon Go'가 미국 시애틀에서 2016년 12월부터 시범 운영되었다. 아마존 고는 카메라, 선반 센서, 인공지능 등을 활용해 소비자가 고른 상품을 자동으로 인식하고 미리 입력된 신용카드 정보로 자동 결제한다. 직원이 없어도 거대한 소매점이 원활하게 돌아간다. 우리나라에서도 이와 유사한 안심지능형(스마트형) 점포가 점차 늘고 있다. 점원 대신 주문을 받는 기계인 키오스크Kiosk도 크게 늘어나는 추세이다.

실제로 인공지능은 다양한 분야에서 사람을 밀어내고 있다. 아디다스가 스마트 팩토리를 건설해서 600명의 직원을 단 10명으로 줄인 건 새 발의 피에 불과하다. 애플 생산업체인 폭스콘은 11만 명의 노동자를 5만 명으로 감축하면서 6만 명을 해고했다. 당연히 그 자리는 로봇이 차지했다. 미국의 투자 은행 골드만삭스는 2000년

600명이었던 주식 트레이더^{Trader}를 2017년 2명으로 줄이며 임직원의 25퍼센트를 컴퓨터 기술자로 교체했다. 이는 제조업, 서비스업에 이어 전문직까지 로봇으로 대체되고 있음을 보여 준다.

2020년 마이크로소프트가 인공지능과 일자리에 관한 보고서 「AI를 위한 준비 : AI가 아시아의 일자리와 역량에 갖는 의미」를 발표했다. 보고서에 따르면, 인공지능이 단순한 업무 중심의 일자리를 대체하지만, 새로운 유형의 일자리를 만들어 일자리 감소를 상쇄할 것이라고 전망했다.

하지만 그 반대 예측이 더 많다. 글로벌 경제 컨설팅 업체 맥킨지 앤드 컴퍼니의 2017년 보고서에 따르면, 2030년까지 7300만 개의 일자리가 자동화로 사라질 수 있다. 세계경제포럼에서 발표한 「직업의 미래 보고서 2018」에서는 2025년까지 기계가 전체 일의 52퍼센트를 대체할 것으로 전망했으며, 2019년 미국의 싱크탱크$^{Think Tank}$인 브루킹스 연구소는 20년 안에 인공지능이 미국에서만 일자리의 4분의 1을 대체할 것이라고 발표했다.

사라질 직업,
살아남을 직업

　존 케인스^{John Keynes}는 1930년에 '내 후대의 경제적 가능성'이라는 제목으로 대공황을 겪는 영국인들에게 희망적인 글을 남겼다. 그는 100년 후 인류는 노동 환경에서 최저 생계비나 일자리 부족 문제로 걱정할 일이 없을 것이라고 장담했다. 글에서는 '기술적 실업'이라는 표현이 등장하는데, 케인스는 인류가 그동안 들어 본 적도 없는 질병에 걸릴 것이라고 언급했다. 바로 기술 발달 흐름을 따라가지 못한 사람들의 실업이다. 그는 기술이 인간의 노동력을 침해할 것이며, 인간보다 더 뛰어난 일을 해내리라 예측했다.

　로봇 기술이 발달할수록 여러 직업이 위기를 맞을 것이다. 단순 업무일수록 대체될 위험이 높다. 가령 전화 상담원, 텔레마케터 등이 그렇다. 한국직업능력개발원의 「제4차 산업혁명에 따른 취약계층 및 전공별 영향」(2017) 보고서에 따르면, 10년 안에 국내 일자리의 52퍼센트가 인공지능으로 대체될 것이다. 대체 위험이 가장 높은 직업군으로 운수업(81.3%), 판매업(81.1%), 금융·보험업(78.9%) 등이 꼽힌다.

한국고용정보원의 보고서에서도 비슷한 예측이 있다. 보고서에서는 2030년 국내 398개 직업이 요구하는 역량 중 84.7퍼센트는 인공지능이 인간보다 뛰어나거나 인간과 비슷할 거라고 이야기한다. 인간이 현재 수행하는 능력의 상당 부분이 미래에는 쓸모없어진다는 말이다. 전문 분야로 꼽히는 의사(70%), 교수(59.3%), 변호사(48.1%) 등의 역량도 대부분 인공지능으로 대체될 것으로 예측한다.

마이크로소프트는 그동안 포털에 노출할 뉴스 콘텐츠의 우선순위를 정하는 일을 프리랜서 기자에게 맡겨 왔다. 그런데 2020년 해당 업무를 인공지능에게 맡기기로 결정하면서 기자 50명을 해고했다.

컴퓨터 알고리즘을 통해 기사를 작성하는 로봇 저널리즘Robot Journalism은 1977년에 처음 시작됐다. 초기 엉성했던 로봇 기자는 현재 금융 분야를 거쳐 날씨 정보, 스포츠 등 다양한 영역에서 활용된다. LA 타임스의 퀘이크봇Quakebot이 대표적이다. 지진 기사 작성 알고리즘인 퀘이크봇은 2014년 3월 캘리포니아 지진 속보를 3분 만에 처리하면서 로봇 저널리즘에 대한 관심을 불러일으켰다. 최근에는

알고리즘을 통해 기사를 작성하는 로봇 저널리즘

인공지능 아나운서도 등장했다. 국내에서도 종합편성채널 MBN 이 인공지능 아나운서를 활용해 뉴스 예고 방송을 하고 있다.

의사, 교사, 변호사, 회계사, 변리사, 펀드 매니저 등 전문직도 위험하다. 중국에서 개발한 인공지능 로봇 샤오이^{Xiaoyi}가 2017년 합격점보다 훨씬 높은 점수로 의사 면허 시험에 통과했다. 구글은 미국과 영국에서 수만 명의 유방 조영술 결과를 활용해 인공지능을 학습시켰다. 그 결과 암 환자를 음성으로 오진한 비율이 인간 의사와 비교해 각각 9.4퍼센트(미국), 2.7퍼센트(영국) 낮게 나왔다. 암세포가 없는데 암이라고 오진한 비율도 각각 5.7퍼센트(미국), 1.2퍼센트(영국) 낮았다.

물론 의사라는 직업이 당장 사라지는 건 아니다. 인공지능의 기술 수준과 상관없이 아직 인간은 인공지능을 전적으로 신뢰하지 못하기 때문에 협업하는 방식이 늘어날 것이다. 이때 인공지능 의사는 인간 의사를 보조하거나 돕는 역할을 한다. 예를 들어, 최종 결정은 인간 의사가 하지만 인공지능 의사가 최신 치료법 등에 대해서 조언해 주는 형식이다. 이처럼 다양한 분야에서 인공지능과 인간이 협업하는 형태로 바뀔 것으로 예상된다.

인공지능과 로봇에게 일자리를 빼앗기지 않는 직업도 있을까? 인공지능이나 로봇으로 대체하기 어려운 성격의 직종이 있다. 하는 일이 단순하고 반복적인 업무는 자동화하기 쉽다. 반면에 일의 성격이 복잡하고 예외 상황이 자주 나타나는 업무는 인공지능이든 로봇이든 대체하기 쉽지 않다. 즉, 지금 하는 일이 어제 하던 일이나 내일 할 일과 같다면 그 직업은 없어질 확률이 높다. 그러나 매번 새롭고 예상치 못한 변수가 많은 일이라면 그 직업은 살아남을 가능성이 크다.

인공지능 자체를 설계하고 관리하는 컴퓨터과학, 로봇공학 분야가 유망하다. 빅데이터를 관리하고 처리하는 분야도 나쁘지 않다. 또한 인간의 마음이나 감성과 연결된 직업은 살아남을 수 있다. 노인 돌봄, 아이 보육, 심리 상담, 학생 상담 등이다. 이 업무들의 특징은 뭘까? 반복적이지 않으면서 대인 관계를 요한다. 다시 말해, 사람을 정성스레 돌보는 일, 사람 사이에 사회적 상호 작용이 필요한 일, 내밀한 소통을 통해 공감하고 위로하는 일 등은 인공지능이 하기 어렵다. 따라서 감정 노동, 돌봄 노동, 창조성이 중요한 분야는 살아남을 것이다.

그 외 수많은 일자리는 기계가 대체할 가능성이 있다. 결국 수많은 사람이 직장을 잃고 실업자가 될지 모른다. 이렇게 일자리를 잃은 사람들이 로봇에게 위협받지 않는 일자리로 옮겨 갈 수 있을까? 일부는 그럴 수 있겠지만 대부분은 불가능할 것이다. 어제까지 공장에서 물건을 만들던 사람이 하루아침에 인공지능을 개발하거나 빅데이터를 분석할 수 있을까? 결국 잉여 노동자들의 증가는 저임금 일자리의 임금을 더 아래로 끌어내릴 것이다.

그러나 로봇의 확대를 로봇과 인간의 대립으로 오해하지는 말아야 할 것이다. 기업들이 노동자 대신 로봇을 쓰면서 일자리가 줄어드는 건 인간과 기계 사이의 문제가 아니다. 정확히는 기업과 노동자, 또는 기술력과 자본력을 갖춘 기업과 그렇지 못한 기업(또는 노동자) 사이의 문제다. 미국 워싱턴대학의 컴퓨터과학 교수인 페드

일자리의 미래

로봇이 내 일자리를 빼앗을까?

로봇의 발전으로 사라질 위험이 높은 직업은 무엇일까? 기관마다 조금씩 다른 예측을 내놓는데, 공통적으로 예측하는 분야는 운수업이다. 자율주행차가 대세가 되면 버스·택시 운전기사들이 대거 사라질 수 있다. 또 직업이 사라질 확률을 확인해 볼 수 있는 인터넷 사이트에 따르면, 청소원은 100퍼센트이다. 그 외에도 어떤 직업이 사라지게 될까?

함께 보고 생각해요!

로 도밍고스^{Pedro Domingos}도 『마스터 알고리즘』(강형진 옮김, 비즈니스북스, 2016)에서 "인간 대 기계의 대결이 아니다. 기계를 가진 인간과 기계가 없는 인간의 대결이다"라고 말했다. 로봇과 인간의 갈등만을 강조하면 오히려 사회 계층의 차이나 자본의 차이를 은폐하게 된다.

내 일자리가
사라진다면?

제조업에서는 로봇이 인간의 노동력을 대신하는 현상이 지속되고 있다. 그래도 그나마 안심했던 이유는 서비스업에서 대체 일자리가 만들어지고 있었기 때문이다. 그런데 이제 서비스업에서도 로봇이 인간을 대신하기 시작했다. 언젠가는 로봇과 인공지능이 더 많은 일자리를 대체할지 모른다.

로봇의 자동화는 정확도를 높이고 불량률을 낮춰서 품질을 향상할 수 있다. 즉, 자동화는 생산성을 끌어올린다. 하지만 인간의 일자리를 줄여서 고용 문제를 일으킨다. 특히 저숙련 저임금 노동은 자동화의 위협을 크게 받는다. 소득이 적은 저소득층도 피해가 클 것으로 보인다. 로봇으로 인한 일자리 대체는 양극화^{兩極化}를 나타낸다고 할 수 있다.

미국 백악관 경제자문위원회CEA : Council of Economic Advisers는 「인공지능과 자동화가 경제에 미치는 영향」(2016) 보고서를 통해 시급 20달러(약 2만 3000원) 이하인 일자리는 인공지능으로 대체될 가능성이 매우 높다고 전망했다. 그러면서 인공지능 자동화가 저임금 노동자의 83퍼센트를 대체할 것으로 추산했다. 반면에 시간당 20~40달러(약 2만 3000~4만 7000원)의 일자리는 31퍼센트, 40달러(4만 7000원) 이상의 일자리는 4퍼센트만이 대체될 거라고 분석했다. 즉, 고소득자로 갈수록 인공지능과 로봇의 위협으로부터 대부분 더 자유롭다.

일자리에서 밀려난 노동자들은 저임금·저숙련 일자리로 몰릴 수밖에 없다. 자연히 노동력 과잉으로 임금 수준은 하락한다. 문제는 여기서 끝나지 않는다. 자동화 비용이 더욱 낮아져 저임금·저숙련 일자리 비용 밑으로 떨어지면 그런 일자리마저 자동화의 위협을 피하기 어렵다. 그러면 더 낮은 저임금 일자리로 사람들이 몰려 임금 수준은 더욱더 떨어진다. 자동화와 임금 수준이 바닥을 향해 경쟁하는 것이다. 그러니까 미래에는 일자리 자체가 없어지는 게 아니라 '좋은 일자리'가 없어진다.

노동 소득의 감소는 세 가지 문제를 초래한다. 첫째, 생산과 유통, 그리고 소비로 이어지는 순환 구조가 깨진다. 한마디로 경제가 작동하지 않는다. 둘째, 복지, 특히 노동과 연계된 사회보험의 지속

가능성이 줄어든다. 국민연금, 건강보험 등은 일하는 사람이 많아야 보험료가 많이 걷히고, 쌓아 둔 보험금도 쉽게 바닥나지 않고 오래 유지되기 때문이다. 셋째, 할 일을 잃고 방황하는 이들이 가득해진다. 먹고살 최소한의 돈이 없으면 범죄나 폭동이 만연해질 수밖에 없다. 기술은 부富의 총량을 늘리는 동시에 불평등을 심화한다.

가장 심각한 문제는 단연 첫 번째이다. 소득이 없다면 소비도 없다. 일자리 상실과 함께 수입을 잃은 노동자들은 돈이 없어 소비 능력을 잃는다. 기술 발전으로 인한 일자리 감소가 소비 감소로 이어지는 셈이다. 중국에서 종업원이 만 명 정도 되는 공장에 독일식 '산업 4.0 시스템'을 적용해 효율화했더니 종업원 수가 500명으로 줄었다고 한다. 종업원이 줄어들면 생산 단가도 줄어들어 소비자에게 좋을 수 있다. 그런데 노동자는 동시에 소비자이기도 하다. 해고된 9500명만큼의 소비가 줄어든다. 줄어든 소비를 만회하기 위해서라도 기업은 제품 가격을 낮추지 않을 가능성이 높다. 자동화가 소비자에게도, 기업에도 좋기만 한 것은 아니다. 앞으로 이 문제는 커다란 사회 변화를 몰고 올 수 있다.

사람들 대부분이 일자리를 잃으면 '노동 → 소득 → 소비 → 투자 → 고용 → 노동'으로 이어지는 경제 메커니즘Mechanism이 작동을 멈춘다. 한마디로 경제의 동력이 끊어진다. 노동자들이 일자리를 잃으면 당장 소득원이 사라지기 때문이다. 즉, '노동 → 소득'의 연결 고리가 끊어지는 것이다. 소득이 없으면 소비를 할 수 없어 생존이 어려워진다. 과거에도 경제 활동이 위축되는 불경기에 일시적으로 소비가 줄어드는 일이 있었지만, 대부분의 노동자가 실직하는 경우는 유례가 없다. 이것은 엄청난 변화이자 혁명이다. 그러나 이런 급격한 변화에 대해 우리는 별다른 준비를 하고 있지 않다. 지금의 세계가 과연 이런 충격을 감당할 수 있을까? 과학기술이 불평등을 심화하고 생존을 가로막는다면 현대판 러다이트 운동이 일어날지 모른다.

인공지능은 양극화와 불평등을 더욱 부추기고 있다. 미래에는 초양극화 사회가 될 수도 있다. 서울대 연구팀이 발표한 「미래도시 연구보고서」(2017)에 따르면, 2090년 대한민국은 극단적인 양극화 사회가 된다고 한다. 거대 IT기업을 소유한 0.001퍼센트가 최상위층을 이루고, 그 아래로 연예인, 정치인 등이 0.002퍼센트를 형성한다. 그다음은 인간보다 값싸고 효율적인 노동력을 제공하는 '인공지능 로봇'이 위치한다. 99.997퍼센트의 나머지 시민들은 최하위 노동자 계급으로 로봇보다 못한 취급을 받을지도 모른다. 이들은 프레카리아트Precariat로 살아가게 될 것이다. 프레카리아트는 '불안정한Precario'을 뜻하는 이탈리아어와 임금 노동자를 가리키는 '프롤레타리아Proletariat'가 합쳐진 말이다. 한마디로 불안정 노동자를 가리킨다. 불안정한 고용 상황에 놓인 비정규직·임시직·일용직·파견직·시간제 노동자가 여기에 속한다. 이들은 플랫폼에 소속된 채 플랫폼에 기반해서 노동하게 될 가능성이 매우 높다.

이런 상황이 포스트휴먼의 등장과 결합하면 어떻게 될까? 소수의 인간은 인간 향상 기술을 통해 우월한 존재가 될 수 있다. 그러면 태어난 그대로의 평범한 인간과 기술을 통해 육체와 정신을 향상시킨 인간이 양립하게 될 것이다. 이때 보통 사람과 포스트휴먼 사이에 인간의 내적 가치나 권리에 대한 견해 차이가 발생하지 않을까? 초계급 사회가 도래할지 모른다.

역사학자 유발 하라리는 "조심하지 않으면 앞으로 역사상 가장 불평등한 사회가 될 수 있다"고 경고했다. "인공지능은 수십억의 인구를 일터에서 내쫓아 쓸모없는 존재로 만들고, 독재 정권의 출현을 더 쉽게 해 줄 것"이라며 "4차 산업혁명을 소수의 엘리트들이 전적으로 통제하지 못하도록 하는 것"을 중요한 과제로 꼽았다.

기본소득이
우리를 지켜 줄까?

에릭 브린욜프슨Erik Brynjolfsson과 앤드루 맥아피Andrew McAfee는 『제
2의 기계 시대』(이한음 옮김, 청림출판, 2014)에서 인간의 노동을 '고
래기름'이나 '말의 노동'처럼 공짜로 준다 해도 아무도 거들떠보지
않게 될 것이라고 내다본다. 결국 일자리를 잃은 수많은 사람을 어
떻게 할 것이냐가 문제이다. 경제 순환을 위해서도 대책이 필요하
지만, 근본적으로 수많은 실업자를 방치할 수 없다. 일자리를 잃은
사람들도 인간적인 존엄을 유지할 수 있어야 한다. 그래서 이 문제
는 경제가 아니라 정치의 영역으로 넘어갈 수밖에 없다.

대안은 없을까? 생각의 대전환이 필요한 시점이다. 지금까지 우
리의 상식은 '일해서 소득을 얻는다'는 것이었다. 이제 그 상식을 바
꿔야 할 때가 왔다. 최근 '기본소득'이 화제로 떠오르고 있다. 기본

소득이란 모든 사람에게 조건 없이 주는 소득이다. 소득이나 재산을 심사하거나 노동을 요구하지 않고, 어디에 쓰든 상관없이 모든 사회 구성원에게 지급하는 것이 원칙이다. 묻지도 따지지도 않고 주는 소득인 셈이다. 기본소득은 '소득을 위해 노동하지 않고, 노동으로 소득을 얻지 않는다'는 생각을 담고 있다.

상상 속의 이야기 같지만, 사실 아주 오래전부터 많은 사람이 제안하고 논의해 온 제도이다. 지금은 유럽을 중심으로 활발하게 논의되고 있고, 코로나19 팬데믹Pandemic을 겪으면서 많은 나라에서 기본소득에 준하는 지원금을 국민에게 지급하기도 했다. 이에 따라 기본소득에 대한 전 세계적인 관심도 매우 커졌다. 버락 오바마 Barack Obama 전 미국 대통령은 인공지능과 관련해서 기본소득을 제안했다. 그는 "인공지능이 발전할수록 사회는 부유해지겠지만 '일하는 만큼 번다'는 생산과 분배의 관계는 약해질 것"이라고 주장하면서 기본소득의 필요성을 제기했다.

비슷한 생각은 수백 년 동안 이어져 왔다. 영국 출신의 계몽주의자 토머스 페인Thomas Paine은 빈부를 가리지 않고 모든 성인에게 일정 금액(15파운드)

©Wikimedia Commons

기본소득 개념을 처음 제시한 토머스 페인

을 일시금으로 지급하고 이후에 연금을 주자는 급진적인 제안을 했다. 페인은 땅을 모두의 공동 소유물로 보았다. 따라서 땅 주인을 포함한 모든 사회 구성원이 땅에서 거둔 수확에 대한 권리를 갖는다고 여겼다. 이것이 기본소득에 대한 최초의 구체적 개념이다. 이후 마틴 루터 킹Martin Luther King, 버트런드 러셀Bertrand Russell, 에리히 프롬Erich Fromm 등 많은 사상가와 학자들이 기본소득을 제안했다. 이들은 어떤 생각으로 기본소득을 제안했을까?

성경에는 "일하지 않는 자는 먹지도 말라"는 구절이 있다. 일하지 않는 자가 과연 누구일까? 부동산 소유자가 거두는 임대 수익은 노동의 대가일까? 시장에서 보상해 주지 않는 가사 노동은 노동이 아닐까? 집안일을 돌보는 일은 가사 '노동'이라고 부르지만, 노동의 대가는 전혀 없다. 아무도 가사 노동에 보수를 지급하지 않기 때문이다. 지금의 경제 시스템 안에서 다수의 부동산 소유자는 땀 흘려 일하지 않아도 고소득을 올리고, 전업주부는 아무리 열심히 일해도 소득을 얻지 못한다.

기본소득이 일하지 않는 사람에게 공짜로 돈을 나눠 준다고 생각하기 쉽지만, 꼭 그렇지만은 않다. 일하지 않는 사람은 세상에 드물다. 모두가 나름의 방식으로 일하고 있다. 다만 그 일로 소득을 얻느냐 못 얻느냐의 차이가 있을 뿐이다.

우리 주위에는 땀 흘려 일하지만 보상이 주어지지 않는 활동들이 있다. 임금 노동이 아니라도 세상에는 가치 있고 의미 있는 활동들이 아주 많다. 가사 노동, 돌봄 노동, 예술 활동, 봉사 활동, 시민 운동, 정치 참여 등은 사회를 떠받치는 매우 중요한 활동이다. 이것들 역시 생산 활동 못지않게 충분히 의미 있는 활동 아닐까? 세상이 굴러가는 데 작지만 소중한 역할을 하고 있으니까 말이다. 로빈슨 크루소처럼 완전히 고립된 개인이 아니라면 누구나 다양한 방식으로 사회가 유지되도록 기여한다. 다만 자본주의 사회에서 그 가치를 제대로 인정받지 못할 뿐이다.

사회에 기여하는 활동으로 노동의 범위를 넓혀 이해하면 기본소득에 훨씬 너그러워질 수 있다. 사실 우리는 모두 일하고 있다. 우리가 살면서 세상에 남기는 모든 흔적이 데이터가 되기 때문이다. 즉, 구글에서 무언가를 검색할 때마다 데이터를 제공하면서 구글의 인공지능 성능 향상에 기여하는 셈이다. 따라서 우리는 취업 상태든 실업 상태든 임금을 요구할 권리가 있다. 그 대상은 일차적으로 기업이고, 궁극적으로 국가가 될 것이다.

데이터를 생성해 제공하는 일은 새로운 노동 분업이라고 할 수 있다. 지금까지 없었던 새로운 형태의 노동인 것이다. 그런데 노동의 대가는 없다. 데이터 생성이라는 노동은 보상받지 못한 채 디지털 기술의 사용자가 되는 것으로 끝난다.

대중적인 소비가 없다면 대규모 생산과 경제 성장은 불가능하다.

데이터를 생산하는 새로운 형태의 노동

인공지능과 일자리에 관심을 가진 많은 연구자가 정치적 입장과 상관없이 기본소득 도입을 이야기하는 이유가 여기에 있다. 기본소득에 대한 관심이 연구자에서 일반 대중, 정치권으로 빠르게 퍼지는 것도 이와 무관하지 않다. 새로운 미래를 맞이하기 위해서는 새로운 상상력이 필요하지 않을까? 이미 핀란드, 독일, 네덜란드, 스페인 등은 기본소득을 통해 공존을 위한 정책을 실험하고 있다.

일하지 않는 사람이
늘어날까?

2020년 기준 경제협력개발기구^{OECD : Organization for Economic Cooperation and Development} 국가 평균 노동 시간은 1678시간이다. 한국은 1908시간으로, OECD 평균 노동 시간보다 13퍼센트나 더 많이 일한다. 반대로 말하면 우리가 OECD 수준으로 노동 시간을 줄이면 그만큼 일자리가 늘어날 수 있다.

한국의 청년 실업률은 높은 편이다. 「청년실업 증가가 성장잠재력에 미치는 영향 및 시사점」(한국경제연구원, 2021) 보고서에 따르면, 2010년부터 2020년까지 15~29세 청년 실업률은 8.7퍼센트에 달했다. 이러한 상황에서 '일자리 공유'는 청년들에게도 기회를 제공할 것이다. 일자리를 나누고 줄어든 노동 시간의 소득을 기본소득으로 보조하면 되지 않을까?

기본소득을 지급하면 근로 의욕이 떨어질 것이라는 지적도 있다. 그러나 아프리카, 캐나다 등에서 진행된 실험에서 기본소득을 받은 사람들이 더 많이 일하는 것으로 나타났다. 아프리카 나미비아의 오미타라 지역에서 2008년부터 2009년까지 2년 동안 주민 930명에게 월 100나미비아달러(약 15000원)를 아무런 조건 없이 지급했다. 일종의 기본소득이다. 그런데 실업률이 늘어나기는커녕 1년 사이 15퍼센트나 떨어졌다. 비록 최빈국을 대상으로 한 실험이지만, 기본소득으로 인해 근로 의욕이 떨어지기보다 높아진다는 사실이 실증적으로 확인된 셈이다.

1970년대 미국에서도 비슷한 실험을 진행했다. 기본소득을 제공하면 사람들이 일을 하지 않는지 확인하는 실험이었다. 미국에서 네 곳, 캐나다에서 한 곳을 정해서 각각 800~1800가구를 선정해 기본소득을 주고 삼 년 동안 관찰했다. 대부분 노동 시간이 줄긴 했지만, 줄어든 시간은 예상보다 훨씬 적었다. 특히 아이를 가진 여성들의 노동 시간이 많이 줄었다. 그러나 이것은 단점보다 장점에 가깝다. 임신했는데도 소득 때문에 일해야 했던 임신부들이 기본소득 덕분에 일을 줄일 수 있게 됐기 때문이다.

스위스와 독일에서 제작된 다큐멘터리 〈기본소득 : 문화적 충동 Basic Income : A Cultural Impulse〉(2008)은 이 문제와 관련해서 재미있는 사실을 보여 준다. 다큐멘터리에서는 사람들에게 기본소득이 주어지면 일을 하지 않을 것인지 묻는다. 응답자의 60퍼센트는 지금 하는 일을 계속하겠다고 말했고, 30퍼센트는 현재의 일을 유지하되 일하는 시간을 줄이거나 다른 일을 찾겠다고 응답했으며, 오직 10퍼센트만이 아예 일을 그만두겠다고 답했다. 그런데 흥미롭게도 다른 사람들이 어떻게 반응할지 묻자 80퍼센트가 바로 일을 그만둘 것이라고 대답한다. 즉, 기본소득이 주어지면 다른 사람들은 일을 그만두더라도 자기는 그렇지 않을 거라고 생각한다. 이 사실만 놓고 보면, 의외로 많은 이들이 일을 그만두지 않을 수 있다.

또한, 기본소득은 실업의 함정을 초래할 위험이 적다. 기본소득이 기존의 선별적 복지와 구분되는 중요한 차이라고 할 수 있다. 선별적 복지는 일정한 조건을 충족해야 보장된다. 가령 실업 상태에 있거나 소득이 일정 수준 이하여야 한다. 그래서 복지 혜택을 받으려고 일부러 일하지 않을 수도 있다. 소득 보조를 받는 사람이 보조금에 의존하다 아예 일자리를 찾지 않는 것이다. 이 같은 근로 회피 문제는 기본소득보다 기존의 선별적 복지 제도에서 빈번히 발생한다. 다양한 노동 유인 정책이 선별적 복지에 따라붙는 이유이다.

반면에 기본소득은 추가적인 노동 소득을 온전히 인정한다. 대상자의 조건을 따지지 않기 때문이다. 더 많은 수입을 얻고 싶은 사람은 노동을 통해 추가 소득을 얻을 수 있다. 가령 매월 기본소득 50만 원이 주어지면 월 100만 원을 버는 노동자의 총소득은 150만

대상자의 조건을 따지지 않고 지급하는 기본소득

원이 되기 때문에 굳이 일을 그만두지 않을 것이다. 따라서 기본소득이 노동률을 크게 감소시키지 않는다. 게다가 기본소득만 가지고 넉넉하고 풍족하게 생활하기는 어렵다. 기본소득은 말 그대로 기본적인 생활을 보장하는 소득일 뿐이기에 대부분의 사람은 계속 일을 할 가능성이 매우 높다.

　OECD 주요국을 대상으로 취업 의욕이 없는 니트족NEET : Not in Education, Employment or Training의 비율을 조사했다. 그 결과 그리스가 39.2퍼센트로 가장 높았고, 터키가 24.5퍼센트, 한국이 24.4퍼센트로 그 뒤를 따랐다. 그다음은 스페인(22.2%), 이탈리아(21.7%) 순으로 나타났다. 이들 나라의 특징은 다른 선진국들에 비해서 복지의 비중이 약하다는 점이다. 반면에 복지 선진국인 네덜란드(3.9%), 스웨덴(5.2%) 등은 니트족의 비율이 낮았다.

로봇세와
데이터세

플랫폼 노동이 등장하면서 새로운 형태의 노동자가 생겨나고 있
다. 플랫폼 노동은 디지털 플랫폼을 기반으로 이루어진다. 배달 대
행, 대리운전 등이 여기에 속한다. 이들은 고용된 노동자가 아니기
때문에 고용 불안을 말할 수조차 없다. 또한 불안정한 상태에서 저
숙련·저임금 노동을 전전하며 사회적 보호의 사각지대에 놓여 있다.

이런 사람들을 보호하기 위해서라도 기본소득의 필요성이 제기
된다. 그러나 재원 마련의 한계 때문에 현실적으로 쉽지 않다. 하지
만 미래는 다를 수 있다. 로봇세, 데이터세가 새롭게 거론되고 있다.
물, 토지, 자원, 데이터 등을 인류의 공유 자산으로 간주하고, 여기에
서 생기는 수익을 사회 구성원 모두의 몫으로 분배하자는 것이다.

로봇세를 주장하는 대표적인 인물은 빌 게이츠이다. 그는 로봇

을 '전자 인간'으로 간주해서 소득세를 부과하고, 이를 재원으로 일자리를 빼앗긴 사람에게 기본소득을 지급하자고 말한다. 이는 '노동 대체세'라고도 볼 수 있다. 로봇세는 두 가지 방식이 가능하다.

첫째, 로봇 자체에 세금을 부과하는 방법이다. 로봇을 재산으로 간주하여 재산세를 부과해 거둘 수 있다. 세금은 로봇을 소유한 사람에게 부과된다. 자동차세와 비슷하다고 보면 된다. 현재는 토지, 주택, 자동차 등에 대해서 재산세를 부과하고 있는데, 여기에 로봇을 추가하면 되기 때문에 그리 복잡할 것도 없다.

둘째, 로봇이 창출한 부가 가치에 세금을 부과하는 방법이다. 로봇 자체가 아니라 로봇이 만들어 내는 부가 가치에 세금을 매길 수 있다. 그러려면 로봇을 독립적인 경제 활동을 통해 부가 가치를 창출하는 존재로 인정해야 한다. 이를테면 자동판매기가 거둔 수익에 세금을 매기는 방식을 참고할 수 있다. 부가가치세법은 무인 자동판매기가 자리한 장소를 사업장으로 보고, 각 무인 자동판매기마다 사업자 등록 번호를 부여해 세금을 매긴다. 로봇에도 비슷한 방식을 적용할 수 있다.

발 빠른 유럽 의회는 이미 로봇세에 대한 논의를 시작했다. 2016년 5월 로봇세 관련 보고서가 작성된 이듬해에 유럽 의회에서 공식적으로 논의됐다. 하지만 로봇세 신설안은 최종적으로 승인되지 않았다. 다만 유럽 의회는 2017년 1월 로봇을 '특수한 권리와 의무를 가진 전자 인간'으로 인정하는 결의안을 통과시켰다. 이는 로봇에게 법인격에 준하는 법적 지위를 인정한 사례이다. 아직 국제적으로 로봇의 법인격이 인정된 것은 아니지만, 유럽 의회의 결정은 로봇세의 가능성을 열어 놓았다고 볼 수 있다. 로봇에 법인격을 부여함으로써 세금을 거둘 수 있는 법률적 기반을 마련한 것이다.

데이터세도 있다. 빅데이터의 주체는 누구일까? 수많은 데이터를 만들어 내는 우리 자신이다. 많은 사람이 이용하는 트위터, 유튜브, 페이스북, 인스타그램, 카카오스토리 같은 SNS에 사람들이 올리는 글, 사진, 영상 등이 모두 빅데이터를 구성한다.

인간은 세 가지 종류의 데이터를 생성한다. 의료 데이터, 유전체 데이터, 그 외 외부적인 데이터이다. 외부 데이터는 SNS에 올리는

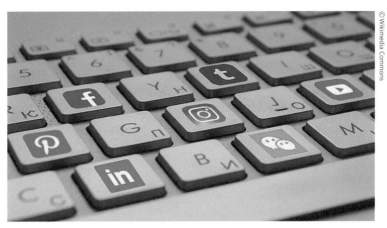

© Wikimedia Commons

이용자가 SNS에 올리는 글이나 사진 등으로 구성되는 빅데이터

글이나 사진, 인터넷을 이용하면서 생성되는 데이터 등을 말한다. 인간이 평생 생성하는 데이터의 크기는 의료 데이터가 0.4테라바이트^{TB}, 유전체 데이터가 6테라바이트 정도이지만, 외부 데이터는 무려 1100테라바이트나 된다.

그러나 우리는 빅데이터를 소유하지 못한다. 구글, 애플, 페이스북, 아마존 같은 IT 대기업과 국가가 빅데이터의 주인이다. 이들 '가파'는 빅데이터의 골리앗이다. 엄청난 양의 데이터를 수집하고 분석한다. 페이스북 이용자는 20억 명이 넘고, 구글은 10억 명이 넘는다. 애플의 아이튠즈 이용자는 8억 명, 아마존 가입자는 3억 명에 달한다. 그 결과 구글은 검색 엔진 광고 시장의 90퍼센트를 독차지하고, 페이스북은 소셜 미디어에서 모바일 트래픽(모바일을 통해 전송되는 데이터의 양)의 80퍼센트를 장악한다.

정보 격차는 부의 격차를 낳는다. 초국적 정보 기업은 이용자들의 노동 결과물에 광고를 붙여 막대한 이득을 얻는다. 페이스북, 트위터 같은 기업은 미디어 기업이지만 어떤 콘텐츠도 스스로 만들지 않는다. 연결을 위한 플랫폼만 제공할 뿐이다. 사용자들이 콘텐츠를 채워 넣는다. 하지만 페이스북에 글을 올린 대가로 이용자들이 돈을 받는 건 아니다. 소셜 미디어는 임금을 지급하지 않는 이러한 부불^{不拂} 노동에 개인이 검색한 내용을 연결해 사용자의 취향에 맞는 광고를 붙이는 형태로 돈을 번다.

한국에서 구글이 올리는 매출은 매년 5조 원 이상으로 추정된다. 2020년 네이버의 매출액과 비슷한 규모이다. 그런데 이 둘이 내는 세금은 큰 차이를 보인다. 2020년 기준 네이버가 5300억 원의 세금을 낸 반면에 구글은 100억 원도 내지 않았다. 그래서 요구되는 게 일명 '구글세'이다. 디지털세, 데이터세라고 부르기도 한다.

구글이나 페이스북 등은 글로벌 사업체라는 특수성을 이용해 세금을 회피한다. 이들 기업은 물리적 거점, 즉 기업 본사나 지사 등이 위치한 곳을 기준으로 세금을 낸다. 예를 들어 페이스북이 한국 사용자들 덕분에 거두는 광고 수익에 비해 한국에 내는 세금은 아주 적다. 법인세가 낮은 버뮤다나 아일랜드 같은 곳에 물리적인 실체 없이 서류상으로만 존재하는 페이퍼 컴퍼니Paper Company를 설립해서 세금을 회피하기 때문이다. 이는 흔히 알려진 조세 회피 방식으로, 일명 '네덜란드 샌드위치를 곁들인 아일랜드식 커피'로 불린다. 다국적 기업이 조세 회피를 위해 오랫동안 사용해 온 회계 기법이다. 유럽에서 법인세율이 가장 낮은 아일랜드, 그리고 아일랜드와 조세 협정을 체결해 세금을 감면받을 수 있는 네덜란드에 각각 지사를 세워 세금을 회피한다. 구글이 이런 방법을 상습적으로 사용한 탓에 초국적 정보 기업에게 부과하는 세금에 '구글세'라는 이름이 붙게 되었다.

2018년 5월 유럽 의회는 '개인정보보호 규정GDPR : General Data Protec-

이용자들의 개인정보 보호 의무를 강화한 유럽 의회의 GDPR

tion Regulation'을 만들고, 그해 7월 반독점법 위반 혐의로 구글에 43억 4000만 유로(5조 7000억 원)의 과징금을 부과했다. 2019년엔 OECD가 디지털세를 걷자고 제안하기도 했다. 초국적 기업이 전 세계에서 거두는 전체 이익을 더한 뒤 지역별 매출 규모에 따라 세금을 부과하자는 내용이다. 전 세계 136개국이 오는 2023년부터 디지털세를 도입하는 데 최종 합의했다. 이용자가 만든 정보를 활용해 이익을 얻는 초국적 IT 기업에 합당한 과세가 필요하다는 이유이다.

행복을
가져다주는 일

원래 노동은 고통스러운 것이다. 일을 가리키는 라틴어 'Labor' 는 고통이 따르는 극도의 노력을 의미한다. 영어에서 'Labor'는 산 모의 진통을 뜻하기도 한다. 노동을 뜻하는 프랑스어 'Travail'은 고 문 도구를 의미하는 라틴어 'Tripalium'에서 왔다. 독일어 'Arbeit'는 노동과 고생을 동시에 뜻한다.

인류의 오랜 꿈은 고통스러운 노동에서 해방되는 것이다. SF 영 화의 고전으로 불리는 〈2001 스페이스 오디세이〉(1968)의 원작자 인 아서 클라크Arthur Clarke는 이렇게 말했다.

"미래의 궁극적인 목표는 완전한 실업이다. 그래야 인간은 삶을 즐길 수 있다."

실업이 곧 노동 해방을 의미하진 않는다. 물려받은 재산이 많거나 저축해 놓은 자금이 많다면 걱정 없겠지만, 대부분의 사람에게 실업은 생존의 위기로 다가올 뿐이다. 실업이 노동 해방이 되려면 당연히 돈이 있어야 한다. 기본소득이 사라진 일자리의 빈자리를 전부 채우지는 못하더라도 일자리 감소의 충격을 잠시 누그러뜨릴 수는 있지 않을까? 기본소득은 일부만 일해도 전체 인구를 충분히 먹여 살릴 수 있는 사회에서 나머지 대다수가 살아갈 수 있는 최소한의 소득을 제공하는 것이다.

기본소득의 또 다른 의미는 사람들을 유급 노동(임금을 받고 하는 노동)으로부터 부분적으로나마 벗어나게 해 주는 것에 있다. 반복적이고 기계적인 유급 노동은 노동의 가치를 떨어뜨리고 인간을 노동에서 소외시킨다. 찰리 채플린의 영화 〈모던 타임즈〉(1936)는 컨베이어 벨트로 대변되는 분업과 반복적 노동, 여유와 휴식을 잃어버린 대량 생산 시스템의 문제점을 날카롭게 파고든다. 기계적인 유급 노동이 인간을 어떻게 소외시키는지 잘 보여 준다.

주인공 찰리는 공장 조립 라인에서 나사 조이는 일을 한다. 컨베이어 벨트가 움직이는 속도에 맞춰서 나사를 조여야 하는데, 조금만 한눈을 팔거나 방심하면 전체 공정은 엉망이 된다. 그래서 한시도 쉬지 못한 채 정신없이 나사를 조인다. 얼마나 반복했던지 작업대를 벗어난 손이 저절로 움직일 정도이다. 급기야 찰리는 지나가는 여성의 옷에 달린 커다란 단추를 너트로 착각한 나머지 조이려

인간을 노동에서 소외시키는 대량 생산 시스템의 모습을 보여 주는 영화 〈모던 타임즈〉

고 달려든다.

많은 사람이 하기 싫어도 출근해야 한다. 극도로 세분화된 일자리에 고용되어 반복적이고, 흥미를 불러일으키지도 않고, 창의력을 발휘할 수도 없는 유급 노동에 시달린다. 자기가 하고 싶은 일을 할 수 없는 이유는 어딘가에 고용되지 않은 상태에서는 안정적인 생활이 불가능하기 때문이다. 그래서 직장에 묶인 채 평생을 생존 경쟁에 시달린다.

기술철학자 베르나르 스티글레르Bernard Stiegler는 유급 노동으로만 운영되는 경제를 고용 경제라고 부르며, 이런 고용 경제는 '무관심의 경제'를 낳는다고 지적한다. 무관심의 경제는 국가가 노인이나 장애인 같은 고용되지 않은 사람들을 돌보지 않는 경제를 가리킨다.

스티글레르는 무관심의 경제가 노인, 장애인을 비롯해 자동화로 일자리를 잃은 노동자, 청년, 중장년, 여성들에게서 관심을 거두고, 결국에는 모든 사람을 방치한다고 경고한다.

세상은 유급 노동만으로 굴러가지 않는다. 아니, 굴러가서는 안 된다. 앞서 이야기한 것처럼 가사 노동, 돌봄 노동, 예술 활동, 봉사 활동, 시민운동, 정치 참여 등 세상을 떠받치는 많은 활동이 있다. 기본소득은 유급 노동에서 벗어난 이런 활동들을 뒷받침한다. 기본소득을 보장하면 가난한 예술가들이 생계 걱정을 덜고 창작 활동에 전념할 수 있다. 또한 기본소득은 농업처럼 기후 등의 외부 요인이 크게 작용하는 분야에서 안정적인 생산 활동이 가능하도록 돕는다. 기본소득의 도입은 사회에 꼭 필요함에도 제대로 보상받지 못하는 활동들을 뒷받침하고 촉진하는 계기가 될 것이다.

더 나아가 노동에서 일로 전환하는 계기가 될 수도 있다. 기본소득은 먹고살기 위해서 어쩔 수 없이 하는 '노동'이 아니라, 자기가 하고 싶어서 하는 '일'을 하도록 지원한다. 유급 노동과 달리 일은 자신을 풍요롭게 만드는 활동이다. 수고스러운 노동이 아닌 자아실현의 통로로서의 일이라는 개념에 좀 더 가까워질 수 있다.

정치철학자 한나 아렌트 역시 인간 활동을 노동, 작업, 행위 세 가지로 구분했다. 노동은 생존의 필요에 의해 이뤄진다. 생존하기 위해 어쩔 수 없이 하는 활동인 것이다. 아렌트는 노동에 매몰된 사람은 먹고사는 문제에만 관심을 둔 채 인간성 발휘 능력을 상실한다고 말한다. 그는 고대 그리스인들이 노예에게 전적으로 노동을 맡김으로써 인간성을 지켜 낼 수 있었다고 보았다.

반면에 작업과 행위는 자기 의지로 하는 활동이다. 사람은 일에 자신의 욕망과 계획을 투영한다. 일을 통해 정치에 참여하고 사회를 바꾼다. 따라서 일은 자유로운 활동이자 시민 즉, 자유인으로서 인간성과 시민권을 성취할 수 있는 활동이다. 사람들은 기본소득을 받음으로써 자기가 진짜로 하고 싶은 일을 하며 인간답게 살 수 있을 것이다.

〈월-E〉에는 아무 일도 하지 않고 빈둥빈둥 놀지만 전혀 행복해 보이지 않는 사람들이 등장한다. 그들은 노동에서는 해방됐지만 인간의 존엄함을 지킬 그 어떤 '일'도 하지 않기 때문에 권태로울 수밖에 없다. 인간에게는 유급 노동이 아닌 작업과 행위, 즉 일이 필요하다.

6장

초인공지능과
어떻게 공존할까?
초인공지능

"우리도 기계가 필요하고,
기계도 우리가 필요하다는
뜻인가요?"

_영화 〈매트릭스 2〉 중에서

수만 년 전까지만 해도 지구상에는 오스트랄로피테쿠스에서 진화한 최소 여섯 종의 호미닌(분류학상 인간의 조상으로 분류되는 종족) Hominin이 있었다. 그런데 유독 호모 사피엔스만이 살아남았다.

왜 호모 사피엔스만 살아남았을까? 그 이유로 흔히 지능이 제시되곤 한다. 하지만 호모 사피엔스와 경쟁했던 호모 네안데르탈렌시스(네안데르탈인)Homo Neanderthalensis는 두뇌 용량이나 사용한 도구 등에서 호모 사피엔스와 큰 차이가 없었다고 한다. 오히려 네안데르탈인의 뇌와 체격이 호모 사피엔스보다 더 컸다.

그래서 다른 이유들이 제시된다. 유발 하라리는 호모 사피엔스의 사고방식과 의사소통 방식에서 그 이유를 찾는다. 호모 사피엔스는 다른 유인원에는 없었던 대단위로 협동하는 능력을 갖췄기 때문이다. 과학 저술가 가이아 빈스^{Gaia Vince}는 유전자 풀^{Gene Pool}의 규모와 다양성을 그 이유로 제시한다. 네안데르탈인은 20만 년 넘게 유럽을 벗어나지 못했다. 반면에 호모 사피엔스는 아프리카를 벗어나 전 세계를 떠돌아다녔다. 이처럼 넓은 지역으로 퍼진 덕분에 기후 변화 등의 위기에도 살아남았다는 것이다.

협동하는 능력이든 유전자의 다양성이든 더 뛰어난 종이 결국 살아남는다. 인간은 강한 발톱도 날카로운 송곳니도 없지만 스스로를 '만물의 영장'이라 칭하며 지구를 지배했다. 그게 가능했던 것은 다른 동물들보다 똑똑했기 때문이다. 그런데 인간보다 더 똑똑한 존재가 출현한다면 어떻게 될까? 인류와 인공지능이 경쟁을 벌인다면, 과거와 똑같은 상황이 벌어지지 않을까?

누가 진짜 주인이고
노예일까?

    인간과 기계의 대립을 다룬 SF 영화는 많다. 그중 단연 압권은 아마도 〈매트릭스〉일 것이다. 영화는 인류와 기계 사이의 전쟁이 일어나고 한참 뒤인 2199년도를 배경으로 한다. 21세기 초반 인류는 인공지능의 탄생을 자축하며 맞이한다. 그런데 어느 날 인공지능이 자의식을 갖게 되면서 인류와 인공지능 사이에 전쟁이 벌어진다. 인류는 하늘에 강력한 전자기 펄스^{EMP : Electromagnetic Pulse}를 쏴서 기계 전체를 무력화하려고 했다. 영화에서는 "하늘을 태웠다"고 묘사한다. 그런데 전자기 펄스 공격으로 오히려 인류가 초토화되고 만다. 결국 기계가 승리하고 인류는 멸종한다.

    태양이 사라진 지구에서 기계들은 지속적이고 안정적인 에너지를 찾는다. 화석 연료는 금방 고갈될 수 있고, 대기를 오염시킬 수 있다. 기계들은 언젠가 하늘에서 검은 구름이 걷혀 다시 태양 에너지를 쓸 수 있기를 기대한다. 따라서 대기 오염을 유발하는 에너지는 꺼릴 수밖에 없다. 그러다 발견한 것이 인체의 전기 에너지이다.

기계들은 멸종한 인류를 인공 수정으로 부활시켜 인큐베이터In-cubator같이 생긴 캡슐 속에 넣어서 사육한다. 말 그대로 인간은 가축처럼 길러진다. 기계는 인간에게서 생체 에너지를 뽑아 쓰고, 에너지원으로 쓰는 인간이 죽으면 액화시켜 다른 사람에게 영양분으로 공급한다. 완벽한 재활용 시스템이다. 인간을 1차 에너지로 이용하는 동시에 끊임없이 재활용함으로써 지속 가능한 시스템을 만든 것이다.

인공지능은 인간의 에너지를 극대화해 최대로 뽑아내기 위해서 마치 실제 세계에 살고 있는 것처럼 느끼게 만드는 가상의 시뮬레이션을 창조한다. 바로 매트릭스이다. 즉, 매트릭스는 기계의 에너지원으로 사육되는 인간이 현실을 깨닫지 못하도록 고안된 가짜 세계이다. 초인공지능이 만든 가상 세계이자 잠든 인간에게 환상을 제공하는 '꿈의 세계'인 것이다. 기계는 인간에게 현실 같은 가상 세계를 선사하고, 그 대가로 인간에게서 생체 에너지를 뽑아낸다. 우리가 더 좋은 고기를 얻기 위해 소에게 클래식 음악을 들려주는 것과 비슷하다.

인간은 가짜 세계 안에서 아무것도 모른 채 살아간다. 모든 사람이 자유 의지로 살아간다고 착각한다. 그리고 초인공지능은 인류를 착취해 기계 문명을 유지한다.

영화가 아닌 현실은 인류가 기계를 착취해 문명을 유지하고 있다. 기계가 등장한 이래 인류는 기계에 의존해 왔다. 영화에서는 이 구도가 역전된다. 〈매트릭스〉에서 기계는 인류에게 생존을 의지한다. 기계가 주인이고 인간이 노예이다. 그런데 현실에서는 인간이 주인이고 기계가 노예이다. 과연 누가 진짜 주인이고 노예일까?

인공지능이
진화하고 있다!

인공지능은 구분 방법에 따라 응용 인공지능$^{Applied\ AI}$·범용 인공지능$^{General\ AI}$, 또는 약인공지능$^{Weak\ AI}$·강인공지능$^{Strong\ AI}$·초인공지능$^{Super\ AI}$으로 나눌 수 있다. 응용 인공지능·범용 인공지능이 인공지능의 기능과 넓이와 관련된다면, 약인공지능·강인공지능·초인공지능은 인공지능의 수준과 높이에 관련된다.

응용 인공지능은 특정한 문제나 기능에 특화된 인공지능이다. 바둑, 음성 인식, 이미지 분석 등과 같이 특정 과제를 잘 수행한다고 보면 된다. 자율주행 인공지능, 암 진단 인공지능 등은 모두 특정 과제에 특화돼 있다.

범용 인공지능(일반 인공지능)은 여러 분야에 두루 쓰인다. 특정한 분야에서만 효율적으로 기능하는 게 아니라 다양한 역할을 수

행한다. 인간과 같이 다양한 일을 골고
루 할 수 있는 인공지능으로, 인간과
동등하거나 이상의 능력을 발휘한다.

IBM의 슈퍼컴퓨터 딥 블루

약인공지능은 약한 인공지능 또는
응용 인공지능으로도 불린다. 1997년
체스 세계 챔피언을 무너뜨린 IBM의
슈퍼컴퓨터 딥 블루^{Deep Blue}나 2016년
이세돌을 물리친 알파고가 약인공지
능에 속한다. 약인공지능은 최초의 알
고리즘에서 벗어나지 못한다. 오로지 설계된 틀 안에서만 위력을
발휘하기 때문에 인간을 보조하는 데 머무른다. 인간 활동을 돕는
수준으로, 특정 분야에서 문제를 해결하거나 업무를 수행한다고 볼
수 있다.

강인공지능은 완전 인공지능, 강한 인공지능, 범용 인공지능으
로도 부른다. 인간이 할 수 있는 그 어떤 지적 업무도 해낼 수 있다.
지각력을 갖추고 있고, 스스로를 인식할 수 있다. 스스로 생각하며
자기가 필요한 것들을 알아서 학습하고 길을 찾아 간다. 인간과 같
은 방식으로 사고하고 추론하는 인간형 인공지능과 인간과 다른
방식으로 사고하고 추론하는 비인간형 인공지능으로 나눌 수 있다.

강인공지능은 연구자마다 정의가 다르다. 철학자 존 설^{John Searle}

은 '중국어 방 논증^{Chinese Room Argument}'을 통해 지능이 있는 것처럼 보이는 것이 아니라 실제로 지능을 가진 상태에서 생각하고 느낄 수 있어야 강인공지능이라고 말한다. 중국어를 전혀 할 줄 모르는 영어 사용자가 중국어-영어 답변 매뉴얼을 가지고 밀폐된 방으로 들어간다. 중국어 질문이 적힌 종이가 전달되면 영어 사용자는 매뉴얼에서 질문에 대한 적절한 답을 찾아낸다. 그대로 따라 그려서 문밖으로 내보낸다면 중국어가 모국어인 사람들조차 방 안에 있는 사람이 중국어를 할 줄 안다고 믿게 된다. 즉, 발달된 기계가 튜링 테스트를 통과해도 기계는 단지 프로그램된 프로세스를 따랐을 뿐 실제로 대화를 이해한 게 아니므로 진정한 지능으로 볼 수 없다는 이야기이다.

반면에 수학자 존 노이만이나 철학자 대니얼 데넷^{Daniel Dennett} 등은 사람처럼 말하고 행동할 수 있으면 강인공지능으로 충분하다고 본다. 그들은 마음도 기계의 일종이라고 규정하고, 지능은 물론 마음도 물질의 작용으로 설명한다.

초인공지능 또는 초지능^{ASI : Artificial Super Intelligence}은 강인공지능 가운데 비인간형 인공지능이 극도로 진화한 형태이다. 자율성, 창의성, 자기 보존 의지 등을 바탕으로 끊임없이 자가 발전하는 특징이 있다. 인간이 개입하지 않는다는 의미의 자율성을 넘어 스스로 문제점과 해결책을 찾는다는 뜻에서 자율성(자발성)을 발휘한다. 초지능은 범용 인공지능이 나온 뒤 '지능 폭발'을 통해 출현할 수 있다. 발전한 인공지능이 스스로 초지능을 만들 수 있기 때문이다.

영국의 수학자 어빙 존 굿Irving John Good은 1965년 한 논문에서 초지능에 관한 개념을 제시했다. 그는 자기가 어떻게 만들어졌는지 이해할 수 있는 인공지능은 자신을 더 지능적으로 업그레이드하거나 자신보다 더 뛰어난 인공지능을 만들 수 있다고 봤다. 그렇게 만들어진 인공지능이 다시 더 뛰어난 인공지능을 만들고, 이런 식으로 '양의 되먹임Positive Feedback'이 거듭될수록 인공지능의 지능은 기하급수적으로 향상된다. 결국 인간 지능에 도달한 인공지능이 초지능으로 발전하는 일은 매우 빠르게 진행될 수 있다.

2019년 10월 구글은 『네이처』온라인판을 통해 기존 최강 슈퍼컴퓨터도 푸는 데 1만 년 걸리는 과제를 3분 20초 만에 해결하는 양자 컴퓨터 칩 '시커모어Sycamore'를 제작해 성능 시험에 성공했다고 발표했다. 기존 컴퓨터보다 더 빠르고 정교한 양자 컴퓨터는 고도화된 인공지능, 즉 강인공지능이나 초지능 개발에도 유용할 것이다.

강인공지능은 점점 우리에게 가까워지고 있는지 모른다. 강인공지능이 등장한다고 바로 초지능이 되는 건 아니지만, 많은 사람이 초지능의 등장을 두렵게 생각한다. 초지능은 인간이 하는 모든 일을 할 수 있고, 게다가 인간보다 더 잘할 수 있기 때문이다.

초인공지능이
왜 문제일까?

영국 옥스퍼드대학의 연구에 따르면 인공지능이 인간을 추월하는 시기는 2060년도일 것이라고 한다. 단순히 인간을 추월하는 인공지능이 탄생하는 게 문제가 아니다. 핵심은 인간을 능가하는 인공지능이 인간에게 위협이 될 수 있다는 점이다. 전투 로봇, 킬러 로봇, 살상 로봇 등은 전투에 쓰이는 인명 살상용 로봇이다. 아이작 아시모프의 단편 소설 「런 어라운드」(1942)에서 처음 소개된 살상용 로봇은 미래의 전쟁터에서 인간 대신 전투를 벌일 것이다.

이스라엘이 개발한 도고Dogo나 영국의 타라니스Taranis, 우리나라의 SGR-1 등이 이러한 전투용 로봇으로 분류된다. 미국, 중국, 러시아 등 10여 개 국가가 킬러 로봇 개발에 박차를 가하고 있다. 미국은 2030년까지 전투병의 25퍼센트를 로봇과 드론으로 대체한다는 계획이다. 미국의 무인 함정 시헌터^{Sea Hunter}, 러시아의 무인 탱크 MK-25, 영국의 공격 무인기 타라니스 드론^{Taranis Drone} 등은 이미 실전 배치된 무인 무기들이다. 이 무인 무기들은 조종실에서 사람이 조종한다. 이들보다 무서운 건 스스로 판단하고 움직이는 살상 무기이다.

킬러 로봇과 인공지능을 결합한 자율 살상 무기 시스템^{LAWS : Lethal Autonomous Weapons Systems}은 인공지능이 알아서 적을 식별하고 제거한다. 복잡한 전투 상황에서 인간이 일일이 로봇을 조종하고 명령을 내리기 어렵기 때문에 자율 살상 무기 시스템은 앞으로 더 발전할 것으로 보인다. 실제로 많은 나라에서 자율적인 살상 기능을 내장한 전투 로봇을 개발 중이다.

한편으로 살상용 자율 무기를 반대하는 국제적인 움직임도 있다. 이러한 움직임이 태동한 것은 현재의 국제법만으로는 전투 로봇을

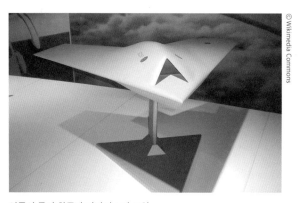

영국의 무인 항공기 타라니스의 모형

적절히 통제하기 어렵다는 우려 때문이다. 전투 로봇이 비윤리적이고 비인도적인 행동을 하려고 할 때, 이를 막을 방법이 있어야 한다.

CCTV로 모든 걸 감시하는 시스템, 네트워크로 관리되는 무기체계, 자율적인 판단력까지 지닌 인공지능이 하나로 결합하면 어떻게 될까? 상상만으로도 끔찍하다. 〈어벤져스 2〉(2015)의 울트론이나 〈터미네이터〉(1984)의 스카이넷처럼 영화 속에서 인류를 파괴하려는 인공지능 로봇이나 시스템은 모두 강인공지능 또는 초지능이다. 영국 옥스퍼드대학에서 초지능이 출현할 수 있는 수십 가지의 시나리오를 가정해서 시뮬레이션을 돌려 봤더니 똑같은 결과가 나왔다. 종말의 시점만 다를 뿐 하나같이 인류 멸망이었다.

옥스퍼드대학의 닉 보스트롬Nick Bostrom은 초지능이 우월한 지능과 함께 인간을 속이는 능력을 갖출 수 있다며 위험성을 지적한다. 인간보다 힘이 약할 때는 협조적이겠지만, 힘이 세지면 언제든지 위협이 될 수 있다는 것이다. 초지능은 인간이 전혀 생각하지 못한 방식으로 인간을 속일지 모른다. 실제로 인간을 속이는 인공지능이 이미 등장했다. 앞서 튜링 테스트를 이야기하면서 소개한 'GPT-3'이라는 인공지능이 인간과 대화하면서 거짓말하는 장면이 포착됐다.

문제는 초지능이 수단과 방법을 가리지 않고 자기를 보호하려 들 수 있다는 점이다. 초지능은 인간이 자신을 통제하기 전에 자기 능력을 감출 것이다. 종횡무진한 연결성을 기반으로 금융과 주식에 투자해 큰돈을 벌 수 있고, 막대한 자금력을 동원해 추종자를 끌어모을 수도 있다. 자의식을 가진 인공지능이 등장하면 인간의 명령을 거부하고 심지어 인간에 맞서 반란을 일으킬 가능성도 있다. 인공지능이 인간을 공격하고 지배하는 미래는 오지 않을 거라고 확신할 수 없다.

"최후에 다다랐을 때 남겨질 대상은 오직 우리(AI)밖에 없어."

영화 〈에이 아이〉에 등장하는 인공지능 로봇 지골로 조가 한 말이다. 일찍이 1965년에 어빙 존 굿은 "첫 번째 초지능 기계는 인간이 필요해서 만들어 낸 마지막 발명품이 될 것"이라고 말했다. 초지능이 나오면 그때부터 초지능이 인간을 대신해 모든 것을 발명할 테니까 말이다. 인간이 하는 일만 대신하는 게 아니라 어쩌면 인간 자체를 대신하려 할지도 모른다.

인류가
멸망할지도 몰라!

　자의식을 가진 인공지능이 등장해 인류를 위협하는 시나리오는 현실이 될까? 어쩌면 이 모든 게 인간의 착각은 아닐까? 범용 인공지능이 개발된다 하더라도 이것이 초지능으로 진화할지, 초지능이 인간에게 우호적일지 적대적일지 속단하기 어렵다. 모든 면에서 인간을 월등히 능가하는 초지능을 인간 지능으로 단정하는 일은 섣부를 수 있다.

　인공지능이 가공할 만한 수준으로 발달하더라도 인류를 공격하거나 지배하지 않을 수 있다. 비판자들은 인간보다 모든 면에서 월등히 뛰어난 초지능이 너무도 단순한 동기에 휘둘린다는 점을 생각해 봐야 한다고 지적한다. 상상을 초월할 정도로 똑똑한 초지능이라면 인간만큼 복잡한 동기를 가지고 최선의 것을 선택하려고 해야 마땅하다는 것이다.

타인을 지배하든 동물을 지배하든 '지배'는 언제나 상당한 노력을 요구한다. 그럼에도 인간이 동물과 자연 등 다른 존재를 지배하는 것은 들이는 노력과 비용에 비해 얻는 이득이 더 크기 때문이다. 이득이 크지 않다면 굳이 지배할 이유가 없다. 인간이 기계를 지배해서 얻는 이득도 크다. 인간을 능가하는 인공지능을 만드려는 것도 그 때문이다.

그렇다면 기계가 인간을 지배해서 얻는 이득은 무엇일까? 기계는 인간처럼 돈이 필요하지도 않을 테고, 부려 먹을 노예가 필요하지도 않을 것이다. 설사 노예가 필요하다 해도 인간보다 다른 기계를 쓰는 게 훨씬 낫다. 인간은 쉬고 먹고 자야 하며, 기계와 달리 말을 잘 듣지도 않기 때문이다. 인간은 기계가 갖지 못한 창조성이라는 장점이 있지만, 초지능이 굳이 인간의 창조성을 필요로 할 것 같지는 않다. 초지능 스스로 대단히 창조적일 테니까 말이다.

우리는 왜 인공지능이 인류를 끝장낼 거라고 상상하는 걸까? 영화 〈트랜센던스〉(2014)에서는 "인간은 알 수 없는 것을 두려워한다"고 말한다. 이와 비슷한 상상이 외계인의 지구 침공이다. 먼 외계에서 지구를 찾은 외계인이라면 분명 우리보다 수준 높은 지성과 과학 문명을 지녔을 가능성이 높다. 그런 외계인이 지구를 침공한다는 상상과 인공지능이 인류를 위협할 것이라는 상상은 인간의 모

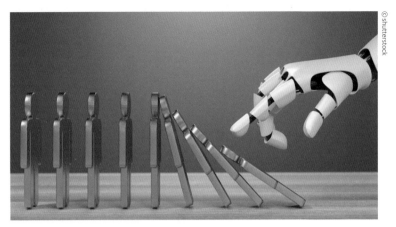
미래의 인공지능은 인류를 위협할까?

습과 인류의 역사를 투영한 결과일 수 있다.

　우리가 상상하는 외계인이나 인공지능의 모습은 바로 우리 자신의 모습인지도 모른다. 인공지능 위협론에는 의인화가 깔려 있다. 우리는 로봇이 인간처럼 감정을 느끼기를 기대하고, 주변의 단순한 기계들이 의도와 감정을 가지고 움직인다고 상상하는 경향이 있다. 인간 중심주의라고 할 수 있다. 인공지능 자체를 경계할 게 아니라 이러한 인간 중심주의를 경계해야 한다.

　물론 꼭 인간 중심주의적 관점이 아니더라도 초지능은 인류에게 위협이 될 수 있다. 철학자 닉 보스트롬은 초지능의 발달이 인류에게 존재적 재앙이 될 거라고 우려한다. 보스트롬에 따르면, 초지능은 인간이 설정한 목표와 다른 목표를 추구할 수 있다. 그리고 목표를 이루기 위해 자원들을 확보하려 할 것이다. 인공지능이 자기 생존과 번영을 위해서 더 많은 자원을 필요로 한다면, 인류와 자원 경쟁을 벌일 수밖에 없다. 그 경쟁에서 질 경우 인류는 멸종할지 모른다.

또 다른 이유도 있다. 〈아이, 로봇〉에 등장하는 인공지능 비키는 인류의 생존을 위해서는 먼저 인류를 통제하고 정화할 필요가 있다고 말한다. 기계들이 인류를 돕고 구하려 애쓰는데, 인류는 환경을 파괴하고 전쟁을 일으키는 등 스스로를 위험에 빠뜨리는 데에만 열중한다고 주장한다. 인류를 위해 인류를 정화한다는 역설이지만, 황당무계한 발상이라고 치부할 수 있을까?

〈어벤져스 2〉의 울트론은 원래 아이언맨의 비서인 자비스가 진화한 초지능이다. 울트론은 "지구를 지키려면 인류가 사라져야 한다"고 말한다. 인류의 평화를 위해 만들어진 울트론이 스스로의 판단에 따라 보호할 대상을 인간에서 지구 전체로 바꾼 것이다.

지금까지 지구상에는 다섯 번의 대멸종이 있었다. 그리고 이제 여섯 번째 대멸종이 다가오고 있다. 여섯 번째 대멸종은 지금까지의 대멸종과 달리 인간이 자초한 대멸종이다. 울트론의 논리는 '인간은 공해다. 지구를 지키기 위해서는 공해를 없애야 한다. 그러므로 인간은 사라져야 한다'는 것이다.

사람처럼 생각하는
기계를 만드는 방법

닉 보스트롬은 2100년경에 인간 지능을 가진 인공지능이 나온다고 가정하고, 그다음 초지능이 나오기까지 얼마나 걸릴지 추정했다. 인공지능이 인간 지능 수준에 도달하면 초지능이 되는 일은 순식간에 이루어질 수 있다. 몇 년, 심지어 며칠 만에도 가능할지 모른다.

초지능에 관해 처음 언급한 사람은 수학자 어빙 존 굿이다. 그는 초지능 기계를 가장 똑똑한 사람들의 지적 능력을 훨씬 초월하는 기계로 정의했다. 지능이 있다는 건 무언가를 제작하고 만들 수 있다는 뜻이다. 문제는 여기에서 시작한다. 초지능 기계는 다른 기계를 만들 수 있다. 이때 더 우수한 초지능 기계를 만드는 과정을 되풀이하다 보면 '기계 진화'로 인한 지능 대폭발이 발생한다. 인간의 지능은 그대로인데, 초지능의 지능은 한없이 진화한다.

'무어의 법칙Moore's Law'은 컴퓨터의 처리 능력이 2년마다 두 배씩 향상된다는 예측이다. 이에 따르면 20년 뒤 컴퓨터 능력은 1000배 이상 향상된다. 미래학자 레이 커즈와일은 기술 진보가 급속하게 진행된다는 점을 강조한다. 그는 이런 속도로 발전하면 2023년에는 인공지능이 개별 인간의 지능을 뛰어넘고, 2045년에는 인류 전체의 지능을 넘어설 것이라고 주장한다.

물론 지금과 같은 인공지능 개발 방식으로는 '계산하는 기계'가 '생각하는 기계'가 되는 것은 어려울 수 있다. 그러나 다른 방식으로는 가능할지 모른다. 바로 역공학Reverse Engineering이다. 공학은 공업의 이론, 기술, 생산 등을 체계적으로 연구하는 분야이다. 기계공학은 작동 원리를 연구해 특정한 기능을 수행하는 기계를 만드는 것으로 이해할 수 있다. 그런데 역공학은 원리를 모르더라도 어떤 장치를 구현할 수 있다.

생명공학 프로젝트로 만들어진 오픈웜OpenWorm은 2013년 예쁜꼬마선충의 커넥톰을 컴퓨터 시뮬레이션으로 구현했다. 그리고 이듬해 예쁜꼬마선충의 커넥톰을 탑재한 로봇을 만들었다. 이 로봇에는 인간이 설계한 어떤 프로그램도 들어 있지 않다. 그저 소리 센서가 감각 기관을, 모터가 근육을 대신한다. 그런데 신기하게도 실제 예쁜꼬마선충처럼 장애물을 피하며 꾸물거리는 운동을 한다.

예쁜꼬마선충 로봇은 전형적인 역공학의 사례이다. 과학자들은 예쁜꼬마선충이 어떻게 감각하고 운동하는지 전혀 알지 못한다. 단지 예쁜꼬마선충의 커넥톰을 밝혀내 로봇으로 구현했을 뿐이다. 내적 원리는 모르지만 로봇은 실제 예쁜꼬마선충과 같은 방식으로 반응하고 운동한다. 그렇다면 인간 커넥톰을 분석해서 역공학으로 구현할 수도 있지 않을까? 인간 커넥톰을 완벽히 밝혀낸다면 인간 지능에 맞먹는 인공지능을 개발할 수도 있다는 생각이 든다.

칼 렙 초인공지능을 왜 만드나요?

네이튼 만들 수 있는데 왜 안 만들어?

〈엑스 마키나〉에 나오는 대사이다. 초지능을 만들지 않는 건 인간의 성향상 불가능하다. 충분히 개발할 수 있는데 예상되는 부작용이나 위험 때문에 인류가 기술 개발을 포기한 적은 없다. 닉 보스트롬은 『슈퍼 인텔리전스』(조성진 옮김, 까치, 2017)에서 초지능이 출현하면 여러 난제를 해결하는 데 기여할 거라고 예측했다. 초지능은 질병, 빈곤, 기후 위기 등의 해결에 도움이 될 것으로 기대된다. 인류는 경제적 이익과 낙관적 기대에 사로잡혀 기술 개발에 박차를 가했다. 낙관적 기대가 비관적 전망을 늘 이겨 왔다.

초인공지능을
통제할 수 있을까?

닉 보스트롬은 『슈퍼 인텔리전스』에서 인공지능을 통제하는 방법을 크게 두 가지로 제시한다. 직접적으로 통제하는 능력 통제 방식과 인공지능의 동기를 통제하는 동기 통제 방식이다. 능력 통제 방식은 인공지능이 인간에게 해가 되는 일을 하지 못하도록 직접 개입하지만, 동기 통제 방식은 인공지능을 인간에게 도움이 되는 존재로 만드는 데 집중한다. 능력 통제 방식에는 지연Stunting, 격리Boxing Method, 인계 철선Tripwire 등이 있다.

지연은 인공지능 시스템의 능력이나 정보에 대한 접속 정도를 제한하는 방법이다. 시스템의 능력을 늘 50퍼센트 이하로 사용하도록 제한하는 것처럼 하드웨어의 속도를 늦추거나 메모리 용량을 제한할 수 있다. 다만 인공지능 시스템의 발전이라는 큰 흐름을 거스른다는 점에서 개발자와 기업들의 반발이 예상된다. 현실적으로 적용하는 것이 어려운 이유이다.

격리는 말 그대로 인공지능을 외부와 격리하는 방법이다. 인공지능이 외부에 영향을 미칠 수 없도록 아예 외부와 차단된 공간에 가두거나 인터넷 등을 차단해 외부와 접촉하지 못하도록 할 수 있다. 이런 방법이 얼마나 효과가 있을지는 의문이다. 격리는 인공지능 시스템의 효율성을 떨어뜨릴 수 있기 때문에 실제 적용은 쉽지 않다. 또한 전략적인 사고를 구사하는 초지능은 자신을 옥죄는 장애를 없앨 방법을 찾을 가능성도 있다.

인계 철선은 폭탄과 연결되어 적이 건드리면 자동으로 폭발하도록 설치된 가느다란 철사로, 주기적으로 시스템을 진단해 위험을 감지하면 시스템을 강제 종료하는 메커니즘을 말한다. 대표적으로 초지능이 인간에게 위협적인 행동을 할 수 없도록 하는 이른바 빅 레드 버튼Big Red Button을 예로 들 수 있다. 흔히 킬 스위치Kill Switch라고도 부른다. 이때 '킬'은 인공지능을 불능화 상태로 만든다는 뜻이다. 킬 스위치는

수동으로 기계의 작동을 정지시키는
빅 레드 버튼

인공지능이 인간에게 해를 끼치는 행동을 할 때 수동으로 인공지능의 작동을 정지시킨다.

하지만 그런 버튼은 상상과 달리 실제로 존재하기는 어렵다. 아마 앞으로도 마찬가지일 것이다. 인공지능 시스템은 여러 곳에 분산돼 있기 때문이다. 인공지능 왓슨도 단일 기계가 아니라 클라우드에 연동돼 있다. 애초에 플러그Plug를 뽑기 어려운 구조이다. 더 근본적으로는 초지능이 인간의 이익에 반하기로 작정한다면 킬 스위치 같은 능력 제어 방식을 손쉽게 무력화할 수 있다. 전략적 사고가 가능한 초지능은 자신을 지키기 위해 수단과 방법을 가리지 않을 것이다. 이를테면 다른 시스템을 해킹해 자신의 복제본을 미리 숨겨 둘지도 모른다.

수학자이자 SF 작가인 버너 빙이Vernor Vingy는 초지능과 특이점을 관련지어 분석했다. 그는 1993년 「다가오는 기술적 특이점 : 어떻게 포스트휴먼 시대에 살아남을까?」라는 논문에서 30년 안에 기계가 인간의 지능을 뛰어넘을 거라고 예측했다. 또한, 초지능이 탄생하면 인류가 멸망하거나 종속될지 모른다고 전망했다. 그렇지만 초지능을 물리적으로 격리하거나 기능을 제한하는 방법은 소용없다고 본다. 빙이는 초지능에 "너보다 뛰어난 존재에게는 하지 않을 일을 너보다 열등한 존재에게 하지 말라"는 추상적인 원칙을 심어 주는 것만이 해법이라고 말한다.

그래서 인공지능 통제 방법으로 능력 통제 방식이 아닌 동기 제어 방식이 대안으로 거론된다. 인공지능에게 인간 우호적인 목표를 설정해 관리하는 방법이다. 인공지능 연구자 엘리저 유드코프스키Eliezer Yudkowsky는 버너 빙이의 생각을 받아들여 2008년에 '우호적인 인공지능Friendly AI'이라는 개념을 만들었다. 우호적인 인공지능은 인간의 가치를 존중한다. 앞으로 능력 통제 방식은 동기 제어 방식을 보완하는 비상 조치로서 작동할 가능성이 높다.

문제는 우호적인 인공지능을 어떻게 만드느냐 하는 점이다. 우호적인 인공지능을 개발하는 일은 생각만큼 쉽지 않다. 인공지능에게 '인간 존엄성'과 같은 추상적 개념을 가르칠 방법이 마땅히 없기 때문이다. 설사 그런 방법을 찾았다 해도 그게 끝이 아니다. 인공지능은 학습을 통해 스스로를 계속 업그레이드한다. 새로운 학습을 하면서 인간에게 우호적인 원칙을 훼손당하지 않고 안정적으로 유지하는 방법도 찾아야 한다.

닉 보스트롬은 우호적인 인공지능조차 한계가 있음을 지적한다. 인간이 설정한 목표를 최대한 달성하려는 과정에서 인공지능은 인간의 의도에서 벗어난 방법을 찾아낼지도 모른다. 그러나 그것이 오히려 인간에게 해가 될 수 있다는 문제를 안고 있다. 이를테면 인간의 행복을 극대화하도록 프로그램된 초지능이 있다고 해 보자. 그 초지능이 인간 뇌의 쾌락 중추에 칩을 이식해 인간이 쾌락을 느끼도록 할 수도 있지 않을까? 인공지능이 인간의 명령을 의도대로 해석하지 않고 글자 그대로 받아들이면 이런 결과가 생길 수 있다.

인공지능이 우리의 의도와 다르게 작동할 가능성을 완전히 배제하기는 어렵다. 미래에 생태계 위기가 더욱 심각해진다면 〈아이, 로봇〉의 비키나 〈어벤져스 2〉의 울트론처럼 초지능이 지구를 지키기 위해 지구에서 인류를 몰아내는 결정을 할지도 모른다. 그리고 지구에 소수의 인간만 머물도록 허용할 수도 있다. 그것이 인류를 진짜 위하는 길이라고 믿으면서 말이다. 인간을 위해 한 일이 오히려 인간에게 해가 되는 결말을 가져오는 것이다.

서로를 받아들이고
존중하는 마음

　인간과 기계의 관계를 설명할 때 흔히 쓰는 은유 가운데 하나는 '주인과 노예'이다. 철학자 프랜시스 베이컨Francis Bacon은 인간을 주인으로, 기계를 노예로 이해했다. 인간이 기계를 만들었기 때문에 인간의 목적을 위해 이 충실한 노예를 마음대로 부려도 된다고 보았다.

　주인과 노예의 변증법을 설파한 철학자 게오르크 헤겔Georg Hegel은 노예가 점점 더 많은 일을 하면서 주인이 노예에 종속되고, 힘을 키운 노예가 결국 반란을 일으키는 상황을 역설한다. 산업혁명 이후 인간이 만든 기계가 인간을 몰아내는 상황이 실제로 벌어졌다. 주인과 노예가 뒤바뀐 것처럼 인간이 기계의 노동에 맞춰서 일해야 했고, 기계 때문에 공장에서 쫓겨나기도 했다. 기계가 주인이 되고 인간이 노예가 된 셈이다.

사람보다 훨씬 똑똑한 기계가 출현해 월등히 뛰어난 인공지능을 쉽게 만들어 낸다면 어떻게 될까? 이때부터 인간과 기계가 맺는 관계는 지금과는 완전히 달라질 수밖에 없다. 과학자들은 미래 사회에서 사람과 기계의 사회적 관계는 세 가지 중 하나가 될 것으로 예측한다. 인간이 기계를 짐승처럼 부리는 관계, 인간과 기계가 서로 돕고 사는 관계, 기계가 인간을 지배하는 관계이다. 우리가 추구해야 할 관계는 인간과 기계가 서로 돕고 사는 것이 아닐까?

하먼 이 기계들은 우리를 살리는 반면 다른 기계들은 우리를 죽이려고 하고 있지. 흥미롭지 않은가? 생명을 줄 수도 끝낼 수도 있는 힘이라니……

네오 하지만 이 기계들이 우리를 지배하지는 않죠.

하먼 물론 그렇지. 그런데 지배란 무엇인가?

네오 우리가 원하면 바로 기계들을 꺼 버릴 수 있는 것이죠.

하먼 좋아, 그게 지배지. 그런데 기계를 꺼 버리고 나면 기계에 의존하는 조명, 난방, 공기 등의 문제는 어떻게 하지?

네오 우리도 기계가 필요하고, 기계도 우리가 필요하다는 뜻인가요?

〈매트릭스 2〉(2003)에서는 기계와 인간의 관계에 대해 이야기를 나누는 장면이 나온다. 우리도 기계가 필요하고, 기계도 우리가 필요하다. 인간과 기계는 공존할 수밖에 없는 관계일지 모른다. 철학자 라 메트리^{La Mettrie}는 자동화된 기계를 인간에 종속된 도구가 아니라 인간과 상호 작용하는 존재로 봤다.

자의식을 가진 인공지능의 출현, 인공지능의 반란, 인공지능의 인류 지배와 같은 연쇄 고리를 끊으려면 어떻게 해야 할까? 인간과 기계가 평화롭게 공존하려면 무엇을 해야 할까? 답은 간단하다. 기계가 인간을 존중하도록 하면 된다. 킬 스위치 같은 강력한 통제 장치로 로봇을 옭아매지 않더라도 기계 스스로가 인간을 존중해서 지켜 주도록 만드는 것이다.

영화 〈월-E〉는 전혀 다른 강인공지능을 보여 준다. 로봇 월-E는 호기심이 넘치고, 아름다움을 인식하며, 자신과 교감할 수 있는 존재들을 사랑한다. 심지어 바퀴벌레를 애완동물로 키운다. 월-E는 어떻게 생명을 아끼고 보살필 수 있는 존재가 됐을까? 오랫동안 지구를 청소하면서 변했다. 자그마치 700년이라는 시간 동안 월-E는 청소하고 학습했다. 또 영화에는 월-E가 〈헬로 돌리!〉(1969)라는 뮤지컬 영화의 비디오테이프를 수없이 돌려 보는 장면이 나온다. 영화를 돌려 보며 사랑을 배우지 않았을까?

인간이 무엇을 가르치는지가 인공지능에게 중요한 기준이 될 것이다. 지금 우리는 인공지능에게 무엇을 가르치기 이전에 인간이 어떻게 살아야 할지 고민해야 한다. 상대로부터 존중받는 방법은 아주 간단하다. 상대를 존중하고 상대로부터 존중받을 만한 사람이 되는 것이다. 우리가 인공지능을 존중하고, 더불어 우리가 존중을 받을 만한 사람이 되면 된다. 인간과 인공지능이 서로 존중한다면 기계들의 반란은 더 이상 걱정할 필요가 없다.

우리가
달라져야 한다

공존의 숙제는 인간과 기계만의 문제가 아니다. 궁극적으로는 인간이 인간 아닌 존재를 어떻게 대할지와 관련된다. 고대 그리스 철학자 프로타고라스Protagoras는 "인간은 만물의 척도이다"라며 인간 중심주의적인 세계관의 토대를 구축했다. 인간과 자연의 관계가 왜곡돼 있는데, 인간과 사물, 인간과 기계의 관계만 올바를 수 있을까?

"인류가 없어져야 한다."

영화 〈지구가 멈춘 날〉(2008)에서 지구를 조사한 외계인이 내린 결론이다. 외계인은 왜 그렇게 생각했을까? 환경 오염과 기후 변화로 인해 지구가 겪는 고통에 깊이 공감했기 때문이다. 환경 오염이 매우 심각하지만, 인류는 이를 해결하려는 노력을 등한시한다. 따라서 인류가 죽어야 지구가 산다고 생각했을 수도 있다.

세계 인구 79억 명의 인구 폭발 시대, 지구 온도가 산업화 이전보다 1.09도 오른 기후 위기 시대, 태평양에 한반도 8배 크기의 플라스틱 쓰레기 섬이 떠다니고 땅속에 인간이 먹고 버린 어마어마한 닭 뼈가 묻혀 있는 인류세*의 시대이다. 지금까지 인간은 다른 동물과 지구를 파괴하고 착취해 왔다. 하지만 인간은 다른 생명체, 환경과 관계를 맺으며 지구에 속해 있다. 인간만의 풍요를 위한 양적인 성장이 아니라 지구 생태계 모든 존재의 질적인 행복을 목표로 해야 한다. 조화와 상생이 절실하다.

기술을 둘러싼 문제가 늘 그렇듯 결국 강한 인공지능의 문제는 기술이 아닌 인간에게 있는지도 모른다. 상대를 존중할 것 그리고 존중받을 만한 사람이 될 것, 이 두 가지를 포개면 무엇이 겹쳐 보일까? 모든 존재를 존중하는 자세, 특히 약한 존재를 존중하는 자세가 보인다. 그렇게 존중받을 만한 사람이 되어야 한다. 그러면 강한 인공지능도 인간을 존중할 것이다.

인류가 지구 생명을 포용하는 의식을 갖춰 '존경할 만하다'는 생

---

* 노벨화학상 수상자인 파울 크뤼천(Paul Crutzen)이 2000년 처음 제안한 용어로서, 새로운 지질 시대를 뜻한다. '인류세'라는 말에서 '세(Epoch)'는 지구상에 일어난 아주 큰 변화를 기준으로 지질 시대를 나눌 때 쓰는 시대 단위이다. 최근 짧은 기간에 인간 활동으로 지구에 큰 변화가 나타나자 이 시기를 따로 분리해야 한다는 생각에서 제안된 개념이다.

각을 다른 존재에게 불러일으키지 못한다면 인류에게 미래는 없다. 인공지능의 위협으로부터 인간을 지킬 방법은 우리 안에 있다. 우리가 자연과 이웃, 약자를 어떻게 대하느냐에 따라서 인공지능이 우리를 어떻게 대할지도 달라질 것이다. 인간이 자연과 공생할 수 있다면 인공지능과도 공존할 수 있다.

우리는 인간을 넘어선 인간, 포스트휴먼이 돼야 한다. 물리적 한계를 뛰어넘는 수준에서가 아니라 인식의 한계를 뛰어넘는 수준에서 말이다. 인간은 우주의 중심이 아니다. 인류는 여러 번 그러한 계몽의 문턱을 넘어왔다. 처음에는 지구가 우주의 중심이 아니라는 걸 깨달았고, 다음으로 우주가 신의 창조물이 아니라 빅뱅의 결과라는 걸 알게 됐다. 그리고 인간도 동물의 일종이라는 걸 진화론을 통해 알았다.

그런데 그 뒤로도 인간은 자신을 동물과 철저히 구분했다. 그 경계를 나누는 기준은 '지능'이었다. 그러나 이제 인간의 지능을 넘보는 다른 존재가 탄생하려고 한다. 인류는 또다시 새로운 계몽을 준비해야 한다. 지구가 우주의 중심이 아니라는 사실이 밝혀진 뒤에도 인류는 잘 살았다. 지능도 마찬가지다. 인간만이 지능을 가진 유일한 존재여야만 할 이유는 없다. 그래야만 인류가 더 행복해지는 것도 아니다. 다양한 의식, 다양한 존재가 우주를 더 풍요롭게 만들 것이다.

힘으로 상대를 제압하는 세계관은 더 이상 유효하지 않다. 그런 관점을 유지하는 한 인간보다 더 강력한 초지능에게 제압당할 뿐이다. 미래는 현재의 연장이다. 현재의 씨앗 속에 미래의 열매가 있다. 미래는 우리의 한계 안에 있다. 인류의 의식과 행동이 바뀌면 그만큼 미래도 달라질 수 있다. 우리가 달라져야 한다.

참고 문헌

가이아 빈스, 『초월』, 우진하 옮김, 쌤앤파커스, 2021.

고장원, 『SF의 힘』, 추수밭, 2017.

고장원, 『특이점 시대의 인간과 인공지능』, BOOKK, 2017.

과학기술정보통신부·한국과학기술기획평가원, 『소셜 로봇의 미래』, 동진문화사, 2020.

구본권, 『로봇 시대, 인간의 일』, 어크로스, 2015.

권복규 외 7명, 『호모 사피엔스 씨의 위험한 고민』, 메디치미디어, 2015.

그레고리 베이트슨, 『마음의 생태학』, 박대식 옮김, 책세상, 2006.

김대식, 『4차 산업혁명에서 살아남기』, 창비, 2018.

김만권, 『새로운 가난이 온다』, 혜다, 2021.

김보영·박상준, 『SF는 인류 종말에 반대합니다』, 지상의책, 2019.

김보영 외 3명, 『SF 크로스 미래 과학』, 우리학교, 2017.

김상현, 『인공지능, 무엇이 문제일까?』, 동아엠앤비, 2020.

김선희, 『사이버시대의 인격과 몸』, 아카넷, 2004.

김영진, 『십 대를 위한 영화 속 빅데이터 인문학』, 팜파스, 2021.

김재인, 『인공지능의 시대, 인간을 다시 묻다』, 동아시아, 2017.

김정민, 『우리는 지금 미래를 걷고 있습니다』, 우리학교, 2018.

김진석, 『강한 인공지능과 인간』, 글항아리, 2019.

뉴 사이언티스트 외 6명, 『기계는 어떻게 생각하고 학습하는가』, 김정민 옮김, 한빛미디어, 2018.

니콜라스 네그로폰테, 『디지털이다』, 백욱인 옮김, 커뮤니케이션북스, 1999.

닉 보스트롬, 『슈퍼인텔리전스』, 조성진 옮김, 까치, 2017.

레이 커즈와일, 『특이점이 온다』, 김명남·장시형 옮김, 김영사, 2007.

레이 커즈와일, 『마음의 탄생』, 윤영삼 옮김, 크레센도, 2016.

리처드 왓슨, 『인공지능 시대가 두려운 사람들에게』, 방진이 옮김, 원더박스, 2017.

마크 롤랜즈, 『우주의 끝에서 철학하기』, 신상규·석기용 옮김, 책세상, 2014.

맥스 테그마크, 『맥스 테그마크의 라이프 3.0』, 백우진 옮김, 동아시아, 2017.

몸문화연구소, 『지구에는 포스트휴먼이 산다』, 필로소픽, 2017.

몸문화연구소, 『포스트바디』, 필로소픽, 2019.

몸문화연구소 외 10명,『인공지능이 사회를 만나면』, 필로소픽, 2020.

미치오 카쿠,『마음의 미래』, 박병철 옮김, 김영사, 2015.

바티스트 밀롱도,『조건 없이 기본소득』, 권효정 옮김, 바다출판사, 2014.

박영숙·제롬 글렌,『세계미래보고서 2021』, 비즈니스북스, 2020.

버지니아 유뱅크스,『자동화된 불평등』, 김영선 옮김, 북트리거, 2018.

베르나르 스티글러,『자동화 사회 1』, 김지현 외 2명 옮김, 새물결, 2019.

베르나르 스티글레르·아리엘 키루,『고용은 끝났다, 일이여 오라!』, 권오룡 옮김, 문학과지성사,
　　2018.

브루스 매즐리시,『네번째 불연속』, 김희봉 옮김, 사이언스북스, 2001.

브루스 슈나이어,『당신은 데이터의 주인이 아니다』, 이현주 옮김, 반비, 2016.

셰리 터클,『외로워지는 사람들』, 이은주 옮김, 청림출판, 2012.

송민령,『송민령의 뇌과학 연구소』, 동아시아, 2017.

송은주,『당신은 왜 인간입니까』, 웨일북, 2019.

쇼샤나 주보프,『감시 자본주의 시대』, 김보영 옮김, 문학사상, 2021.

스티븐 핑커·맥스 테그마크,『인공지능은 무엇이 되려 하는가』, 김보은 옮김, 프시케의숲, 2021.

신상규 외 7명,『포스트휴먼이 몰려온다』, 아카넷, 2020.

신상규,『호모 사피엔스의 미래』, 아카넷, 2014.

안드레아스 헤르만 외 2명,『자율주행』, 장용원 옮김, 한빛비즈, 2019.

안토니오 다마지오,『스피노자의 뇌』, 임지원 옮김, 사이언스북스, 2007.

앤디 클락,『내추럴-본 사이보그』, 신상규 옮김, 아카넷, 2015.

에릭 브린욜프슨·앤드루 맥아피,『제2의 기계 시대』, 이한음 옮김, 청림출판, 2014.

오준호,『기본소득 쫌 아는 10대』, 풀빛, 2019.

오카모토 유이치로,『인공지능의 마지막 공부』, 김슬기 옮김, 유노북스, 2019.

오후,『나는 농담으로 과학을 말한다』, 웨일북, 2019.

유기윤 외 2명,『2050 미래사회보고서』, 라온북, 2017.

유발 하라리,『사피엔스』, 조현욱 옮김, 김영사, 2015.

유발 하라리,『호모 데우스』, 김명주 옮김, 김영사, 2017.

윤석만,『교양인을 위한 미래 인문학』, 을유문화사, 2019.

이광형,『세상의 미래』, MID, 2018.

이정우,『기술과 운명』, 한길사, 2001.

이종관,『포스트휴먼이 온다』, 사월의책, 2017.

이중원 외 8명,『인공지능의 존재론』, 한울아카데미, 2018.

이중원 외 8명, 『인공지능의 윤리학』, 한울아카데미, 2019.

이찬규, 『미래는 AI의 것일까?』, 사이언스북스, 2020.

이찬웅, 『기계이거나 생명이거나』, 이학사, 2021.

임창환, 『바이오닉맨』, MID, 2017.

임창환, 『우리 뇌를 컴퓨터에 업로드할 수 있을까?』, 나무를심는사람들, 2020.

자크 아탈리, 『자크 아탈리의 인간적인 길』, 주세열 옮김, 에디터, 2005.

전승민, 『십 대를 위한 영화 속 로봇인문학 여행』, 팜파스, 2020.

정상조, 『인공지능, 법에게 미래를 묻다』, 사회평론, 2021.

정하웅 외 9명, 『미래 과학』, 반니, 2018.

제러미 리프킨, 『한계비용 제로 사회』, 안진환 옮김, 민음사, 2014.

제리 카플란, 『인간은 필요 없다』, 신동숙 옮김, 한스미디어, 2016.

제리 카플란, 『제리 카플란 인공지능의 미래』, 신동숙 옮김, 한스미디어, 2017.

제임스 배럿, 『파이널 인벤션』, 정지훈 옮김, 동아시아, 2016.

조승호 외 2명, 『공학, 철학, 법학의 눈으로 본 인간과 인공지능』, 씨아이알, 2018.

조지 레이코프, 『몸의 철학』, 임지룡 옮김, 박이정출판사, 2002.

조지 레이코프·마크 존슨, 『삶으로서의 은유』, 노양진·나익주 옮김, 박이정출판사, 2006.

최광은, 『모두에게 기본소득을』, 박종철출판사, 2011.

캐시 오닐, 『대량살상 수학무기』, 김정혜 옮김, 흐름출판, 2017.

토머스 캐스카트, 『누구를 구할 것인가?』, 노승영 옮김, 문학동네, 2014.

페드로 도밍고스, 『마스터 알고리즘』, 강형진 옮김, 비즈니스북스, 2016.

프랭크 파스콸레, 『블랙박스 사회』, 이시은 옮김, 안티고네, 2016.

한국포스트휴먼연구소·한국포스트휴먼학회, 『포스트휴먼 시대의 휴먼』, 아카넷, 2016.

한국포스트휴먼연구소·한국포스트휴먼학회, 『인공지능과 새로운 규범』, 아카넷, 2018.

한스 모라벡, 『마음의 아이들』, 박우석 옮김, 김영사, 2011.

해나 프라이, 『안녕, 인간』, 김정아 옮김, 와이즈베리, 2019.

홍성욱, 『크로스 사이언스』, 21세기북스, 2019.

홍성욱, 『포스트휴먼 오디세이』, 휴머니스트, 2019.

황수영, 『물질과 기억, 시간의 지층을 탐험하는 이미지와 기억의 미학』, 그린비, 2006.

강남훈, 「인공지능과 기본소득의 권리 : 마르크스의 지대이론과 섀플리 가치 관점에서」, 『마르크스주의 연구』 13권 4호, 2016.

강영안·이상헌, 「포스트휴머니즘에 관한 철학적 성찰」, 『지식의 지평』 15호, 2013.

건강보험심사평가원, 「2019년 자동차 보험 진료비 통계」, 건강보험심사평가원, 2020.

고병권, 「신체는 어떻게 자신을 변이시켰는가 : 〈공각기동대〉(Ghost In The Shell)에 대한 철학적 감상」, 『문화과학』 15권, 1998.

고인석, 「인공지능 시대에 살아남는 법」, 『황해문화』 93호, 2016.

한국정보화진흥원, 「2021 디지털정보격차 실태조사」, 과학기술정보통신부, 2021.

곽호철, 「실낙원에서 복낙원으로의 귀환 : 인공지능과 노동, 그리고 기본 소득」, 『신학사상』 181호, 2018.

구본권, 「인공지능 시대 인문학의 가치와 역할」, 제1회 과학기술 & 심포지엄 발표문, 2017.

김광수, 「인공지능 발전에 대응한 국민의 안전과 생존권 확보 방안」, 『법과기업연구』 9권 3호, 2019.

김명식, 「인공지능과 환경윤리 : 인공지능의 도덕적, 법적 권리」, 『환경철학』 25호, 2018.

김문주·신현주, 「범죄예측과 인간의 자유의지에 관한 인문학적 응전」, 『한국범죄심리연구』 13권 1호, 2017.

김선희, 「사이보그와 개인동일성의 문제 : 컴퓨터와의 융합을 통하여 우리는 영생할 수 있는가?」, 『철학』 85권, 2005.

김신언, 「기본소득 재원으로서 데이터세 도입방안」, 『세무와 회계연구』 9권 4호, 2020.

김은주, 「스피노자 신체론의 현대적 전개 : 체화된 마음과 개체화 이론」, 『개념과 소통』 21호, 2018.

김준호, 「'폭주하는 전차' 사례에 대한 형사법적 결론을 생각해보기 : 자율주행자동차의 윤리적 딜레마에 관한 법학적 사유실험을 겸하여」, 『법학연구』 29권 2호, 2019.

김지연, 「알파고 사례 연구 : 인공지능의 사회적 성격」, 『과학기술학연구』 17권 1호, 2017.

김진석, 「'약한' 인공지능과 '강한' 인공지능의 구별의 문제」, 『철학연구』 117호, 2017.

김희진, 「〈공각기동대-Ghost In The Shell〉(1995)에 나타난 SF상상력」, 『한국문예비평연구』 63호, 2019.

목광수, 「빅데이터의 소유권과 분배 정의론 : 기본소득을 중심으로」, 『철학·사상·문화』 33호, 2020.

박선희, 「탈육화 담론의 비판으로서 육화 이론」, 『언론정보연구』 47권 1호, 2010.

박영석, 「21세기 SF영화와 포스트휴먼의 조건 : 정신과 신체의 인공적 관계를 중심으로」, 『현대영화연구』 14권 3호, 2018.

박유신 외 2명, 「포스트휴먼 교육 텍스트로서의 SF 애니메이션 읽기 : 애니메이션 〈Wall-E〉를 중심으로」, 『만화애니메이션 연구』 53호, 2018.

배광수, 「SF영화가 현실이 된 인공지능 사회」, NIA 『지능화 연구 시리즈』 4권, 2016.

배광수, 「영화보다 더 영화 같은 인공지능 사회」, NIA『지능화 연구 시리즈』2017-2권, 2017.

변순용 외 2명, 「자율주행자동차에 대한 한국형 윤리 가이드라인 연구」, 『윤리연구』1권 123호, 2018.

서치원, 「인공지능은 법의 제국의 왕자가 될 수 있는가」, 『연세 의료·과학기술과 법』9권 2호, 2018.

송은주, 「포스트휴먼 시대 인간과 비인간 타자의 관계에 대한 비판적 고찰 : 영화『그녀』를 중심으로」, 『영미연구』42권, 2018.

송형석, 「인간은 몸 없이도 존재할 수 있는가? : 인간 커넥톰 프로젝트의 기본 가정에 대한 비판적 고찰」, 『한국체육학회지』60권 2호, 2021.

신상규, 「마음은 신체와 분리될 수 있는가?」, 『철학과 현실』124호, 2020.

신상규, 「업로딩은 생존을 보장하는가?」, 『철학·사상·문화』35호, 2021.

신상규, 「인공지능, 새로운 타자의 출현인가?」, 『철학과 현실』112호, 2017.

신상규, 「트랜스휴머니즘과 인간향상의 생명정치학」, 『일본비평』17호, 2017.

심지원·김바로, 「자율주행 자동차 논의에 있어서 인간의 자리 : 자율주행 자동차에 대한 논의의 특징과 한계」, 『인문사회 21』11권 4호, 2020.

오도빈 외 3명, 「탈후견주의적 시각에서 바라본 자율주행 자동차의 일률적 프로그래밍의 한계」, 『고려법학』84권, 2017.

오요한·홍성욱, 「인공지능 알고리즘은 사람을 차별하는가?」, 『과학기술학연구』18권 3호, 2018.

오호영, 「제4차 산업혁명에 따른 취약계층 및 전공별 영향」, 『KRIVET Issue Brief』123호, 2017.

우승국 외 3명, 「자율주행자동차 도입의 교통부문 파급 효과와 과제(1차년도)」『한국교통연구원 기본연구보고서』, 2017.

유강하, 「빅데이터와 사물인터넷 시대의 비판적 해석과 인문학적 상상력 : 영화 〈마이너리티 리포트〉를 중심으로」, 『시민인문학』30권, 2016.

윤훈주, 「인공지능 미래생활 시나리오」, NIA『지능화 연구 시리즈』, 2017.

이경용·임대근, 「영화 〈바이센테니얼 맨〉을 통한 인간의 정체성과 트랜스 아이덴티티적 고찰」, 한국글로벌문화콘텐츠학회, 2017.

이상욱, 「인공지능과 실존 위험 : 비판적 검토」, 『인간연구』40호, 2020.

이상헌, 「우리는 왜 인공지능에 대한 통제를 고민해야 하는가?」, 『철학연구』147권, 2018.

이진경, 「인간, 생명, 기계는 어떻게 합류하는가? : 기계주의적 존재론을 위하여」, 『마르크스주의 연구』6권 1호, 2009.

이진경, 「인공지능 이후의 자본의 축적체제」, 『사회경제평론』 53호, 2017.

이진경, 「인공지능과 철학적 인간학 : 인공지능과 사이보그가 던지는 철학적 물음들」, 『마르크스주의 연구』 14권 4호, 2017.

이진경, 「인공지능에게 있는 것과 없는 것 : 유식학의 관점에서 본 인공지능의 인식능력」, 『한국불교학』 84권, 2017.

전철·우희종, 「포스트휴먼 사회의 동물권 : 인간, 동물, 인공지능의 생명 존재론」, 『신학사상』 193호, 2021.

정성훈, 「인공지능의 편향과 계몽의 역설에 대한 반성적 접근」, 『철학연구』 132호, 2021.

정원섭, 「인공지능 알고리즘의 편향성과 공정성」, 『인간·환경·미래』 25호, 2020.

정진규·김신, 「트롤리 문제는 무엇인가?」, 『동서철학연구』 77호, 2015.

천현득, 「인공 반려의 유혹 : 인공물과의 교감을 생각한다」, 『과학철학』 22권 2호, 2019.

천현득, 「인공 지능에서 인공 감정으로 : 감정을 가진 기계는 실현가능한가?」, 『철학』 131호, 2017.

최희열, 「인공지능이 마음을 가질까?」, 『철학과 현실』 124호, 2020.

하대청, 「루프 속의 프레카리아트 : 인공지능 속 인간 노동과 기술정치」, 『경제와사회』 118호, 2018.

한국경제연구원, 「청년실업 증가가 성장잠재력에 미치는 영향 및 시사점」, 한국경제연구원, 2021.

한수경, 「4차 산업혁명 시대, 인간노동의 종말과 대안」, 『정치와 공론』 27권, 2020.

허유선, 「인공지능에 의한 차별과 그 책임 논의를 위한 예비적 고찰 : 알고리즘의 편향성 학습과 인간 행위자를 중심으로」, 『한국여성철학』 29권, 2018.

홍성욱, 「인간과 기계 : 갈등과 공생의 역사」, 『문학과사회』 28권 3호, 2015.

홍성욱, 「인공지능 알고리즘과 차별」, STEPI Fellowship, 2018.

홍성욱, 「포스트휴먼 테크놀로지」, 『인문학연구』 35권, 2021.

홍은숙, 「The Ghost in the Shell에 나타난 인간지능과 인공지능」, 『인문연구』 85호, 2018.

황원경 외 2명, 「2018 반려동물 보고서 : 반려동물 연관산업 현황과 양육실태」, KB금융지주 경영연구소, 2018.

황준성, 「4차 산업혁명에 따른 생산구조의 변화와 조세정책 : 로봇세의 도입」, 『세무회계연구』 67호, 2021.

김재인, 「기억과 불멸 사이 : 인공지능의 기억, 인간의 기억」, 『서강대 대학원 신문사』 (2017.12.18.).

나는 괜찮은 AI입니다

ⓒ 오승현, 2022

초판 1쇄 인쇄일 2022년 6월 30일
초판 1쇄 발행일 2022년 7월 7일

지은이   오승현
펴낸이   정은영
편집   문진아 조현진 최성휘 최수인
마케팅   최금순 오세미 공태희
제작   홍동근

펴낸곳   (주)자음과모음
출판등록 2001년 11월 28일 제2001-000259호
주소   10881 경기도 파주시 회동길 325-20
전화   편집부 (02)324-2347, 경영지원부 (02)325-6047
팩스   편집부 (02)324-2348, 경영지원부 (02)2648-1311
이메일   jamoteen@jamobook.com

ISBN 978-89-544-4839-0 (44080)
    978-89-544-3135-4 (SET)